VENTE DE FEU M. CHARLES LE BLANC

AUTEUR DU *Manuel de l'Amateur d'Esta*

ESTAMPES

ANCIENNES ET MODERNES

EAUX-FORTES & LITHOGRAPHIES

PORTRAITS

ÉCOLE FRANÇAISE, XVIIIe SIÈCLE, ETC.

Du Mardi 1er Mai jusqu'au Mercredi 9 Mai 1866

EXPOSITION PUBLIQUE

Le Dimanche 6 Mai (des Portraits & Écoles du XVIIIe Siècle)

Me DELBERGUE-CORMONT	M. VIGNÈRES
COMMISSAIRE PRISEUR	MARCHAND D'ESTAMPES

(221^8)

PARIS — MAI 1866

3000 - 75 11774 - 25
2066 - 25 3143 - ..
1967 - 75 14917 - 25
3090 - 8326
1649 - 50 17243 25
1820 - 50
1922 - 50
2326 -

(221e)

CATALOGUE
D'ESTAMPES
ANCIENNES

Des diverses Écoles & Eaux-Fortes

PIÈCES NON DÉCRITES

MAITRES ANONYMES ET MONOGRAMMISTES

PORTRAITS

CÉLÉBRITÉS PAR LES MEILLEURS GRAVEURS

SÉRIE D'ARTISTES CLASSÉS

Topographie, Vues, Pièces historiques, drôlatiques et curieuses,

MAITRES DU XVIIIe SIÈCLE

École Moderne, Eaux-Fortes et Lithographies,

DONT LA VENTE AURA LIEU

APRÈS DÉCÈS DE M. CHARLES LE BLANC

Ancien Employé à la Bibliothèque Impériale, auteur du Manuel de l'Amateur d'Estampes, de la Notice de quelques Copies trompeuses, etc.;

HOTEL DES COMMISSAIRES-PRISEURS

RUE DROUOT, 5

SALLE Nº 3, AU PREMIER ÉTAGE

Du Mardi 1er Mai jusqu'au Mercredi 9 Mai 1866

A une heure précise.

Me **DELBERGUE-CORMONT**, Commissaire-Priseur, rue de Provence, 8,

Assisté de M. VIGNÈRES, Md d'Estampes, rue de la Monnaie, 13, à l'entresol, entrée rue Baillet, 1,

Chez lequel se distribue le Catalogue.

EXPOSITION PUBLIQUE

Le Dimanche 6 Mai, de une heure à quatre heures.

PARIS — 1866

CONDITIONS DE LA VENTE

L'ordre du Catalogue sera suivi.

Elle sera faite au comptant.

Les Acquéreurs paieront, en sus des adjudications, CINQ pour CENT applicables aux frais.

M. VIGNÈRES, dirigeant la Vente, se charge des Commissions.

NOTA. Toute commission sans prix fixé ou sans limite déterminée sera regardée comme nulle.

M. VIGNÈRES se charge de faire marquer les prix aux Catalogues des ventes qu'il a faites. Les personnes qui le désirent peuvent s'adresser à lui *franco*.

Les Catalogues des Ventes à faire seront envoyés à toute personne qui en fera la demande *affranchie*.

AVIS. — Nous prions MM. les Amateurs éloignés de ne pas attendre au dernier jour, pour que les lettres arrivent le matin de la vente ; ils comprendront que quelques lettres peuvent se lire, mais de 20 à 50 lettres, c'est difficile.

M. Charles LE BLANC est né en 1817.

Sur la proposition de M. Duchesne aîné, conservateur du Cabinet des Estampes, il entra à la Bibliothèque; nommé surnuméraire en 1839, il n'obtint le titre d'employé qu'en 1848. Des chagrins particuliers lui firent donner sa démission en 1855.

Il se livra alors au commerce d'Objets d'art, particulièrement aux Estampes et Dessins. Observateur sérieux, d'un goût éclairé, ses connaissances dans les arts, un tact incontestable à reconnaître les bonnes épreuves, les États, les Remarques, les Filigranes de papiers anciens : et pour les Dessins de Maîtres, il mettait *le doigt* sur le meilleur, avec une intelligente précision; donnait des attributions d'une exactitude (dont nous avons été témoin), qui lui ont valu une certaine autorité.

Les Amateurs de dessins pourront s'en convaincre, par la Collection que nous vendrons plus tard ; nous ne citerons qu'un Van Huysum, au crayon noir, digne d'un Musée. Ce Catalogue d'Estampes, par la réunion des maîtres monogrammistes, pièces rares et intéressantes en tous genres, en belles épreuves, peut en donner une idée.

Ses travaux littéraires sur les arts, le catalogue de ***l'OEuvre de Wille***, celui de ***Strange***, sa ***Notice de quelques copies trompeuses***, totalement épuisée, dont nous allons vendre les planches, sous le n° **1124**, sont recommandables. Son ***Manuel de l'Amateur d'Estampes*** (pour faire suite au Manuel de Brunet), vrai travail de bénédictin, n'est pas terminé; arrivé à sa 9e livraison, il fut découragé et entravé par les divers ennuis causés par l'éditeur.

C'est ce qui existe de plus complet, comme dictionnaire de graveurs, et, malgré ses erreurs, on le consulte encore avec fruit. Nous ne parlerons pas des nombreux articles publiés dans diverses revues, et des catalogues des ventes importantes qu'il a dirigées.

Il fut secrétaire de la société des Amis des Arts, jusqu'à sa mort arrivée le **12** juillet **1865**; il laisse un fils d'environ onze ans.

On peut, pour plus de détails, lire la spirituelle notice rédigée par M. *Georges Duplessis*, du département des Estampes, qui se trouve en tête du Catalogue de la vente des Livres de Ch. Le Blanc, des 7 à 9 décembre 1865, par A. Aubry.

J. E. V.

DÉSIGNATION

ESTAMPES ANCIENNES

MAITRES ANONYMES, MONOGRAMMISTES, AQUAFORTISTES

1 **Abry** (Louis), 1673. Sainte-Famille, d'après *Bertholet Flemael*. Pièce rare, 1er état avant le nom du peintre, à la droite du bas et avant beaucoup de travaux.

2 **Advinent**, né à Lyon. Bestiaux gardés par jeune fille. Belle eau-forte.

3 **Aken**. L'homme portant un paquet sur le dos (B. 19). — Le repos des voyageurs (21). 2 p. très-belles.

4 **Albert** (Chérubin). Deux anges tenant de la musique, 1er état avant *cum privilegio*. — La Renommée, 1er état avant la dédicace. — Sainte Madeleine dans une gloire d'anges. 3 p.

5 **Aldegrever**. Loth défendant les anges (B. 15). Belle ép.

6 — Saint Marc (58), d'ap. G. Pencz. Superbe ép.

7 — L'Avarice (129). Belle ép.

8 — Les Danseurs de noces (146, 149). 2 petites pièces.

9 — Les Grands danseurs de noces (168).

10 — Trois hommes sonnant de la trompette (171). Superbe ép. — Copie contre-partie. 2 p.

11 — L'Enseigne (177).

12 — La Fortune (143) et autre. 2 p.

13 **Allemand**. Paysages gravés sur nature, à l'eau forte et verni mol. 2 p.

14 **Altdorfer**. Le sacrifice d'Abraham (B. 41). — Le Porte-enseigne (62). 2 p. sur bois.

15 **Aman** (Jose). Assemblée des rois et princes, Scènes militaires, etc. 4 p. in-fol., en travers dans des ovales avec coins ornés. Belles ép.

16 — Buste de femme romaine. Magnifique ép., d'une pièce très-rare, non citée par *Becker*.

17 **Amand**. Vieillard s'endormant en montrant à lire à un enfant. Jolie eau-forte.

18 **Amato** (François). Sainte Famille (B. 1).

19 **Andreani** (André). Le Triomphe de Jules César, en clair obscur de quatre planches, d'ap. *Mantegna*. 9 p. et 2 doubles. 11 p.

20 **Androuet du Cerceau**. Arabesques et monuments. 15 p.

21 — Caryatides à trois figures à la feuille. 2 p. et un bijou. 3 p.

22 — Grands panneaux arabesques. 5 p., dont un en mauvais état.

23 — Triomphes et combats maritimes entre Tritons, Naïades et autres dieux mythologiques. 6 ronds pour fonds de coupes très-rares.

24 **Anesi** (P.). Varie Vedute. Paysages et vues d'Italie, 1725, à l'eau-forte. 15 p.

25 **Anonyme**. Ornements et Rinceaux, pour orfévrerie 1676, chez le Juge. 7 p.

26 **Arnoult** (N.). Le Caquet des femmes. — Homme de qualité. — Jacques II. — Marie-Éléonore d'Este. — Marie-Anne de Bourbon Conti. 5 p. belles et rares.

27 **Audran** (J.). Les batailles d'Alexandre, d'ap. *Ch. Lebrun*. 6 p. belles ép.

28 **Audran** (les). D'ap. Raphaël. Pan et l'Amour, d'ap. Coypel et autres.

29 **B** (Maître au monogramme), 1544. La Musique — l'Astrologie (B. XV. 505, 6 et 7.) figures de femmes nues. 2. p. superbes ép. très-rares.

30 **Baader** (Amélia). Bustes de femme, d'ap. Backer, Dominiquin, Schmith. 3 p. à l'eau forte.

31 **Backer** (J. de). Venus nue se mirant, à l'eau-forte, 1608-1641. Très-rare.

32 **Badalocchio** (S.). Saint évêque enlevé au ciel par quatre anges (B. 32).

33 **Baillie** (W.) amateur. Vieillard de face, d'ap. *Rembrandt*. Très-belle ép.

— 1757. Histoire touchante, d'ap. *Rembrandt*. Très-belle ép.

34 **Baltard**. Le Triomphe de Napoléon et autres, 4 p.

35 **Baptiste Monnoyer** (d'ap.). Livre de toutes sortes de fleurs, d'après nature, gravé par Vauquer, 12 bouquets in-fol., broché en velin.

36 — Corbeille et bouquets. 4 p.

37 **Barberius** dit le Guerchin. Le paysage aux deux figures (B. 2.). L'Homme et la Femme assis à l'ombre (B. 3.). 2e état avec le nom.

38 **Bargas**. La Danse. — Le Bac. — Le Muletier. 3. p. très-belles.

39 **Barozio** (Frédéric). Saint François d'Assise, recevant les stigmates (B. 3).

40 **Bartsch**. Repos en Egypte — et 8 pièces, copies rare pour les premiers volumes. 9 p.

41 **Bary**. Jolie jeune fille, d'ap. *Terburg*.

42 **Basan** (d'ap.). Les Saisons. 4 p.

43 **Baur** (W.). Vedute de Giardini, 4. — Cavaliers et dames au repos. 5 p.

44 **Bazzicaluve** (Hercule) Sujet de bataille (B. 3). Très-belle ép. d'une pièce rare.

45 **Bega**. L'homme à la main dans le pourpoint (B. 10). — La Fumeuse (11). 2. p. Belles ép.

46 — La vieille Femme portant un panier (18). 1er état avec le trait traversant le bout du soulier, superbe ép.

47 — L'assemblée près de la cheminée. Très-belle ép. (23).

48 — La Mère au cabaret (31). Très-belle.

49 — Le Cabaret (35). Très-belle ép. 1er état avant l'adresse de *Covens et Mortier*.

50 **P. B.** 1640. Adoration des bergers. Pièce ronde.

51 **Beham** (Barthelemy). Judith, 1525 (B. 3).

52 — Combat d'hommes nus (18). Frise.

53 — Trois têtes de morts, 1529 (27). 1er état.

54 — L'Amour en postillon, 1520 (32).

55 — L'Avare (38). Très-belle ép.

56 — Les trois Sorcières et la Mort (42).

57 — Combats d'hommes nus (16 et 18). 2 p. Frises.

58 **Beham** (Sebald). Judith (B. 10). Belle.

59 — Judith (11).

60 — Les quatre Evangélistes, S. Mathieu (55), S. Marc (56), S. Luc (57), S. Jean (58). 4 petites p.

61 — Saint Antoine l'ermite, 1521 (64). Très-belle.

62 — La bonne Fortune, 1541 (140). Très-belle.

63 — Deux couples de danseurs villageois (154). Superbe ép., signée *P. Mariette*, 1666.

64 — Le Baiser, 1526 (209). Jolie p. à l'eau forte. Très-belle ép.

65 — L'Alphabet romain, 1545 (229). Très-belle.

66 — Vase orné d'enfants, 1531 (242).

67 — Les Armoiries au coq, 1543 (256). Très-belle.

68 — Enlèvement d'Hélène (70). Lucrèce (78). Hercule étouffant Anthée (105). 3 p.

69 **I. B** (Maître au monogramme). Le Génie de l'histoire (B. 31). — La Gaine au guerrier (50). — La Gaine à la femme ailée (51). 3 p.

70 — Pièce emblématique (30). — Costumes turcs, F. B. — Le Christ sur son tombeau et autre P. B. 5 p.

71 **Beich**. Paysages à l'eau-forte. 2 p.

72 **Bemmel**. Paysages à l'eau-forte. 2 p. rares.

73 **Bellange** (J.). Annonciation (R. D. 1). Très-belle ép.

74 **Bellanger**. Joas reconnu roi; avant toute lettre.

75 **Berghem** (N.). Le pâtre jouant du flageolet (B 6). Avant le n° 51.

76 — Sujets d'animaux en largeur (13, 14, 15, 16). 4 p. Belles ép.

77 — De la même suite. 5 p. diverses.

78 — Le cahier à la femme en 6 fles (29-34).

79 — Le cahier à la femme en 8 fles (41-48).

80 — Chèvres, boucs, béliers, moutons. 19 p. avec et sans numéros.

81 **Bergler.** Sujets de la Bible et autres. 10 p. à l'eau-forte.

82 **Beton** (Alexandre). Tableaux de la salle du bal, dite galerie d'Henri II, à Fontainebleau. 16 p. formant 15 sujets, suite complète. 1er état le cartouche blanc (R. D. 1 à 15).

83 **Biard** le fils (P.). La Sibylle Delphique. D'ap. *Michel-Ange* (R. D. 23).

84 **Binck** (Jacques). Son portrait par lui-même (B. 95). Très-rare.

85 — La Vierge sur le trône (B. 20).

86 **Bischop** (J. de). Mariage de sainte Catherine. D'ap. *Parmesan*. — Assomption. D'ap. *Veronèse*. 2 p.

87 **Bizemont** (de). Vieillard, paysage, ange 3. p.

88 **Bleker** (G.). L'Ange promettant un fils à Abraham (B. 1). Belle ép. d'une belle pièce, sur papier à la Folie.

89 **Blondel** (J.). Marine à l'eau-forte. — L'Asie, dessus de porte par *M. V. Blondel*. 2 p.

90 **Bois anciens.** Charles-Quint, etc. 8 p.

91 **Bois** très-anciens. 10 p.

92 — Coloriés, très-anciens, cartes à jouer, sujets de la Bible et autres. 20 p.

93 — Histoire d'Esther et Assuerus. 5 p. Riches compositions.

94 **Boissard** (Robert). Discordia, combat d'hommes et de femmes avec poignard, couteau, etc.

95 **Boissieu** (J.-J. de). Le maréchal-ferrant (Rigal 15). Superbe ép., avant la lettre et l'adresse.

96 — Fête champêtre (21). Ancienne et belle ép.

97 — Temple de Vesta (34). Ancienne et belle.

98 — Vue du sépulcre de Cécilia Metella. 1er ép. Avant les armes et la lettre. Très-belle (35).

99 — Vue de Saint-Andéole (41). Ancienne et belle.

100 — Vue des bords de la rivière d'Ain (42). Ancienne.

101 — Les petites Laveuses (82). Sup. ép. 1er état.

102 — Têtes de vieillards, Repos des faucheurs sur chine, et autres. 6 p.

103 **Bol** (H.). Fête de village, avec joute à l'oie à travers la rivière. Très-belle ép.

104 — Les mois de l'année, 12 p. Dans des entourages ornés de figures et d'animaux.

105 **Bol** (Ferdinand). La Famille (B. 4). Superbe ép.

106 **Bolswert** (S. à). Le Christ en croix. D'ap. *Van Dick.*

107 — L'Homme entre un ange et un diable, entre le ciel et l'enfer ; derrière, la mort est prête à le percer de sa lance. Sup. ép.

108 — Le Christ mort sur les genoux de la Vierge avec saint Jean et deux anges. D'ap. *Van Dick.* Superbe ép.

109 — La destruction de l'Idolatrie, d'après *Rubens*. Grande et belle p. en 2 feuilles non jointes.

110 — Le Christ entre les deux larrons, d'ap. *Rubens*. Très-belle ép.

111 — Paysages, Philémon et Baucis, le naufrage, Retour des champs, et l'étable à vaches de *P. Clouet* 4. Grandes p. très-belles.

112 — Sainte Barbe. — Sainte Catherine. 2 p. Belles ép.

113 — Paysage, le Berger. ép. d'un état non décrit avant *P. Rubens pinxit. Schelt à Bolswert sculpsit. et Gilles Hendrick excudit*. Très-rare de cet état avant toute lettre.

114 — Paysage n° 13. Très-rare avant les figures.

115 — Paysage n° 17, la Chasse ,marge.

116 **Bonato**. Ange. — Vierge d'ap. *Guido*. 2 p.

117 **Bonnart** (les) Nourrice de Monseig. le duc de Berry. Très-belle ép.

118 — Galant peintre, la Peinture, l'Architecture, Aminte en son cabinet, 4 p. Superbes ép.

119 — La Discrétion, Fidélité, Libéralité, Modestie, Sincérité, Vigilance. 6 p. à costumes Sup. ép.

120 — Compagnie jouant au jeu de l'ombre, et metiers de Paris, costume. 6 p. dont 5 coloriées.

121 — Costumes, Parties du jour, Saisons, Portraits, et pièces dans le genre. 33 p.

122 **Bonasone** (J.). Clélie passant le Tibre (B. 83).

123 — Saint Marc (75). Superbe ép.

124 — Triomphe de Silène (88). — Le roi Midas (89) 2 p.

125 **Bonnecroy**. L'Enfant prodigue (R. D. 1). Superbe épreuve, très-rare.

126 — La pièce d'eau au bord du chemin (5) un peu rogné à droite.

127 **Bonneionne** (E.). Uranie, d'après le *Primatice*. 1er état avant le numéro, dans la marge à gauche. Très-rare. Cab. Camberlyn.

128 — Groupe de sept figures, dont une à genoux. Superbe ép. du 1er état.

129 — Diane, d'ap. *Primatice*. Très-belle ép. rare. Cab. Camberlyn.

130 — La Vierge Marie, consolatrice des affligés. Belle ép. d'une belle composition.

131 **Boons** (d'ap. V.). Orgie de soldats. Superbe ép.

132 — Famille à table, un poissonnier à genoux implore sa grâce, et une femme que l'on poursuit se sauve. Très-belle ép.

133 **Bosse**. Quatre sujets sur la naissance du dauphin, par deux superposés, 2 p. Sup. ép.

134 — Les forces de la France, sous Louis Le Juste.

135 — Graveurs en taille-douce. Très-belle ép.

136 — Les vertus cardinales. 6 p. dont le titre et dédicace.

137 — Titre des vertus de Saint François, Festin des chevaliers du Saint-Esprit et autre. 4 p.

138 — Costume de seigneurs, d'ap. *saint Igny*. 6 p. Superbes ép.

139 **Both** (J.). Le charriot attelé de bœufs (B. 2). Très-belle ép. avec l'adresse de Matham, et avant le numéro.

140 — Le grand arbre (3). Très-belle ép. avec une petite marge.

141 — Le Pont de pierre (5). Belle ép. avant le nom.

142 — Le Muletier (6). Belle ép. avant le nom — avec le nom. 2 p.

143 — Le Trajet (7). Belle ép. avant le nom.

144 — La Femme sur le mulet et autre. 3 p.

145 **Boulogne** le père (L. de). La Vierge au mur. (R. D. 2). Très-belle ép.

146 — La Vierge à l'oiseau (4). Très-belle.

147 — Artemise (12). Pièce ronde, très-belle.

148 **Boulogne** (d'ap.). Vénus parée par les Grâces. Très-belle ép.

149 **Bourdon** (Seb.). Fuite en Egypte (R. D. 25). Repos en Égypte (26). 2 p. Très-belles ép. 1er état avant l'adresse de *Mariette*.

150 — Saintes Familles, fuite et repos en Egypte. 12 p. Plusieurs avant *Mariette*.

151 **Bourdon** (d'apr. Séb.). Saintes Familles par *Natalis* et autres, scènes de l'antiquité, etc. 8 p.

152 **Bout** (Pierre). Le Traîneau (B. 3.). Superbe.

153 — Les Chasseurs (5). Belle ép. du cabinet Camberlyn.

154 **Bouttats** (P.-B.). Horloge scientifique, astronomique, etc., etc., en 5 feuilles dont 2 assemblées. Rare.

155 **Boyvin** (René). Le vieux Silène, d'apr. *Luc Penni* (R. D. 28).

156 — Jason saisit la toison d'or (51). Superbe ép. L'entourage a les trois Grâces de chaque côté.

157 — Figures masquées, têtes de femmes (84, 85) à 2 têtes en regards, sur la même feuille. 2 p. Magnifiques ép.

158 — Figures masquées d'hommes et de femmes séparées, 5 dirigées à droite et 5 à gauche. 12 p.

159 — Portraits d'Homère (91), Pythagore (92), Simonide (93), Sapho (94), Héraclite (95), Zénon (96). 6 p. Belles ép.

160 — Ornements, Chenet, Vases, Coupes à 2 sur la feuille, etc. 7 p.

161 **Brackenburg** (Regnier). La Faute découverte, eau-forte très-rare. Superbe ép.

162 **Brandt** (R.) in. et sculp. Sainte-Famille, Repos en Egypte, très-rare, eau-forte.

163 **Brauer**, 1709. Groupes d'animaux au repos. 2 p. à l'eau-forte.

164 **Brebiette**. Travail d'amour, Cérès sur son char, frises, etc. 5 p.

165 **Brentel** (F.). La Chasse au lièvre, 1526. Sup. ép. d'une très-petite p. avec marge. — Homme et femme anglais décrits dans les Commentaires de César. 3 p.

166 **Bresse** (J.-A. de). Jesus flagellé. Belle ép. mauvais état. — Hercule et Antée. 2 p.

167 **Breteuil** (le comte de), amateur. Un Marchand d'orviétan. Jolie pièce rare.

168 **Breugel** (P.). Riche paysage, avec la chute d'Icare. Superbe ép., avec *Houf*. 1er état.

169 — Autre paysage avec Mercure enlevant Psyché. 1er état *Houf*. Superbe ép.

170 **Brill** (Paul). Les paysages octogones. 2 p.

171 — Le Troupeau sur la montagne, 1er état avant l'adresse *Nicolo van Aelst*.

172 **Brinckmann** (P.-H.). Paysage. Superbe ép. Buste d'homme lisant. 2 p. à l'eau-forte.

173 **Bronkhorst** (J.-G.). Ruines de l'ancienne Rome (B. 19).

174 **Brosamer** (H.). Lucrèce (B. 9). Belle ép.

175 **Brun** (J.). Joaillerie, Bouquet de fleurs formées de diamants et pierreries. Sup. ép.

176 **Bruyn**, 1594 (N. de). Les Amours et les chiens. — Le Combat des enfants sur des béliers. Sup. ép. 2 p.

177 **Bry** (Th. de). Noce de Rébecca, frise.

178 — Les Césars. 3 p. contenant chacune 3 médailles de Césars, entourées de figures et ornements. Belles ép.

179 — Écussons d'armes avec dame et seigneur. 2 p.

180 — Armée en marche. Arquebusiers. Hallebardiers, etc.

181 — Sept groupes de Paysans qui dansent. Belle ép.

182 — Six groupes de Seigneurs qui dansent. Belle ép.

183 — Réunion de nobles Vénitiens, d'ap. *Paul Véronèse*. Superbe ép. en rond, le nom coupé.

184 — La même, la marge carrée avec le nom.

185 **Bulthuis**. Vache couchée, Trois moutons au repos. 2 sujets destinés à être coupés. Artiste non décrit.

186 **Buytenweeh** (G.). Le Canonnier et la Vivandière. 1er état avant l'adresse de *Visscher*.

187 **Bye** (Marc de). Le Muletier (B. 78). Très-belle.

188 **Bylaert** (J.-J), d'ap. Paul Potter et d'ap. Wouwermans. 2 magnifiques *fac-simile* exécutés avec une rare perfection.

189 **Cabel**. Le Mendiant (B. 28). — Le Berger jouant de la flûte. Grande pièce attribuée. 2 p.

190 **Callot** (J.). Le Passage de la mer Rouge (Meaume 1). Magnifique ép. 1er état. rare.

191 — L'Enfant Jésus (3). Très-belle ép. avec le nom et la contre-épreuve. 2 p.

192 — Saint Jean prêchant dans le désert (4). Sup.

193 — Massacre des Innocents. 1re planche (5). 1er état avant toute lettre, rare.

194 — La même, très-belle ép. 2e état.

195 — La Grande Passion (12-18). Suite de 7 p. Superbes ép. avant les adresses, sur papier lorrain.

196 — La Petite Passion (19-30). Suite de 12 p. avant l'adresse de Sylvestre, et 4 doubles. 16 p.

197 — Les Mystères de la Passion de Notre-Seigneur et la vie de la Vierge. Suite de 20 compositions rondes et ovales, sur 5 planches. Belles ép. avec la lettre (32-36).

198 — De la même suite (36), les 6 p. réunies. Superbe ép., grande marge.

199 — Le Nouveau Testament (37-47). Suite de 11 p. y compris le titre. Superbes ép. 1er état de la col. Camberlyn.

200 — Les Quatre Banquets (48-51). 1er état avant l'adresse de Sylvestre. Superbes ép. imprimées sur la même feuille. Très-rare.

201 — Parabole de l'Enfant prodigue (53-63). Suite de 11 p. Superbes ép. 2e état avec les vers, mais avant les numéros.

202 — Le Bénédicité (65). Superbe ép. 1er état.

203 — La même. 2e état.

204 — La même non terminée, attribuée et copie. Contre-partie. 2 p.

205 — L'Annonciation (71). Pièce rare. Superbe ép.

206 — La Vie de la Sainte-Vierge (76-89). Suite de 14 p. Superbes ép. Avant les numéros.

207 — Elle épouse saint Joseph (79). — Elle fuit en Egypte (85). 2 p. Magnifiques ép. avant les numéros, très grandes marges.

208 — Différents sujets. Frontispice (90), — Adoration des mages (92), — Jésus-Christ en croix (94), — l'Assomption (96). Très-belles ép. du 2e état. 4 p.

209 — L'Apôtre saint Pierre (101). Superbe ép. du 2e état avant la retouche, marge.

210 — Saint Jean dans l'île de Pathmos (102). Superbe ép. du 2e état, rare.

211 — La Vierge (106), — Saint Pierre (107). 2 p. Sup. ép. avant les numéros.

212 — Le Martyre des apôtres (120-134). Suite de 15 p (le 135 manque), plus 4 p. doubles. 19 p.

213 — Le Martyre de saint Laurent (136). Très-belle ép. du 2e état.

214 — Le Martyre de saint Sébastien (137). Très-belle ép. 1er état avant l'adresse de *Silvestre*.

215 — Saint Nicolas ou saint Séverin (140). Superbe ép. sur papier lorrain, avec le nom du maître, mais avant *Silvestre*; petite marge.

216 — Les Pénitents et Pénitentes (148-152). 5 p. très-belles.

217 — Prêtre portant le Saint-Sacrement (154). 1er état avant le trou, très-rare, et sup. ép.

218 — Les Martyrs du Japon (155). Superbe ép. 1er état avant *Silvestre*.

219 — La Luxure (160), — l'Envie (161). 2 p. Magnifiques ép. grande marge — L'Avarcie (163). 3 p.

220 — Tableaux de Rome, 181, 182, 187, 190, 191, 195, 196. 7 p. Belles ép.

221 — Le Titre aux Astrologues (203). Avec le nom.

222 — Il Solimano, acte premier (435), — Acte cinquième (439). 2 p. Très-belle marge.

223 — Combat à la barrière (492 à 501). 10 p., avant l'adresse de *Silvestre*.

224 — Les Petites Misères de la guerre (557-573). Suite de 7 p. y compris le titre. Très-belles ép.

225 — Les Grandes Misères de la guerre (564-581). Suite de 18 p. L'une des plus belles du maître Superbes ép. avec *Israël excud.* qui fut effacé, avec grande marge de la plus belle condition.

226 — La même suite même état, sans marge.

227 — Les Exercices militaires (582-584, 2e état, 589, 590, 591, 592, 593). 7 p., sup. ép. marge, dont 5 en 1er état.

228 — La Rencontre (595). Sup. ép. 1er état. — La même, 2e état, — La Rencontre au pistolet (596). 2 ép. en 2e état. 4 p.

229 — Catafalque de l'Empereur Mathias (597). Très-belle ép., avant l'adresse d'*Israël*.

230 — La Carrière ou rue Neuve de Nancy (621). 1er état.

231 — Le Jeu de boule ou Foire de Gondreville (623). Très-belle ép. sur papier lorrain avant l'adresse de *Silvestre*.

232 — Les deux Pantalons (626). Sup ép.

233 — Le Pantalon ou Cassandre (627). — Le Capitan ou Amoureux (628). — Le Zani ou Scapin (629). 3 p. Belles ép.

234 — Balli di Sfessania (641). 12 p. Seulement imp. 4 sur chaque feuille. Superbes ép. 1er état. Marge.

235 — Les Supplices (665). 2e des 7 états. Superbe ép. avant l'adresse *d'Israël*, vrai chef-d'œuvre du maître.

236 — Les Supplices. 3e des 7 états. Très-belle ép. avant l'adresse d'*Israel*.

237 — Les Bohémiens (667-670). 4 p. très-belles, 2e des 4 états, grandes marges, pap. lorrain.

238 — La Noblesse (673-684). Suite de 12 costumes, Six Gentilshommes et six Dames, magnifiques ép. 1er état. Imprimés 2 à la feuille. Rares de cette condition.

239 — Les Gueux ou Mendiants (685-709). 22 p. Manquent 687, 703, 705. Belles ép. avant les numéros.

240 — La même suite, 19 p. imprimées sur papier lorrain. 2 sujets sur chaque feuille.

241 — La Petite Treille (710). Superbe ép. avec marge de la dernière planche de Callot.

242 — La Petite Vue de Paris ou le Marché d'Esclaves (712). Magnifique ép. 1er état avant le fond, etc.

243 — La même avec le pont Neuf au fond et l'adresse d'*Israel*. 2e des 5 états. Superbe ép.

244 — La même copie contre-partie par *Hattu* de Douai, 1633. Rare.

245 — Les quatre Paysages (715-718). 4 p. Superbes ép. 1er état avec une petite marge. Le n° 715 a *J. Callot* au milieu à la main par le maître.

246 — Figures variées (730-745). Manquent 731, 732, 734, 746. 14 p. des 2e et 3e états, dont le 742 double.

247 — Les Bossus ou Gobbi (747-767). Suite de 18 p. imp. 4 à la feuille. Manquent 2 qui sont coupées, — plus 10 p. doubles.

248 — Les Caprices (768 à 867). Suite de Nancy. 1er état. 20 p. seulement imp. 4 à la feuille.

249 — Autre suite de 27 p. et 4 doubles. 31 p.

250 — Fantaisies (868, 869, 870, 874, 877, 881). 6 p. Superbes ép. 1er état. Grandes marges.

251 — Paysages de Florence (1188 à 1197). Manquent 1187, 1189, 1190, 1192, 1198. 7 p. 1er état. Très-belles ép. et 1191 double. 8 p.

252 — Femme dirigée à gauche (1212). Sup. ép. Marge.

253 — La Tour de Nesle, — la Carrière de Nancy, — Triomphe de la Vierge, et autres, par et d'après. 19 p. environ.

254 **Callot** (d'ap.). Gueux, Apôtres. 29 p.

255 **Camassei** (André). La Sainte-Vierge (B. 2). Très-belle ép. Cab. Camberlyn.

256 **Camayeu.** La Peinture par *Bergler*. — Ananie frappé de mort, par *Hugo da Carpi*, d'ap. Raphaël. 2 p. en bois à 3 planches.

257 **Canal** (d'ap. Antoine). Vues de Venise. In-fol. 8 p. toute marge.

258 **Cantarini** (Simon). Repos en Égypte (B. 4). Très-belle ép. Cab. Camberlyn.

259 — Repos en Egypte (7). Très-belle ép.

260 — Le Grand saint Antoine de Padoue (25). 1er état avant le nom.

261 — Mercure et Argus (31). Sup. ép. Avant l'adresse. Cab. Camberlyn.

262 **Cantarini**, dit le Pesarèse. Repos en Egypte (B. 3), et copie contre-partie. — Autre (4), copie. Autre (6.), sanguine contre-partie. 4 p.

263 — Vierge couronnée (21). — Le petit saint Antoine de Padoue (26). 2 p.

264 **Carrache** (Annibal). Jupiter et Antiope, (B. 17). Belle ép.

265 — La Soucoupe (18).

266 — Le Christ de Caprarole (4). Avec la copie contre-partie et Vierge et Enfant Jésus d'ap. lui et d'ap. Louis. 6 p.

267 **Carrache** (d'ap. An.). Sainte Famille, saint Jean offrant des cerises à Jésus, par un anonyme peut-être, *J. Bischop.*

268 **Carrache** (Augustin). Suzanne surprise par les Vieillards (124). Magnifique ép.

269 — Le Satyre fouettant la Nymphe (133). Rare.

270 — Le Sondeur (136). Extrêmement rare, rogné du haut.

271 — Le même copie ou retouchée. Très-rare.

272 **Caraglio.** Adoration des Bergers, d'ap. *le Parmesan* (B. 4).

273 — Les Amours de Bacchus et d'Ariadne (14).
274 — Hercule et Nessus (45), 1er état, avant l'adresse de *Salamanque*.
275 — Portrait de Pierre Arétin (64). Très-belle ép.
276 **Castiglione** (B.). Les Équipages de Jacob (B. 4). — Dieu le père considérant son fils (11). — Invention des corps de saint Pierre et saint Paul (14), — La Mélancolie (22). 4. p. belles ép.
277 **Cats**, 1768 (J.). Six petits Paysages avant le nom et les numéros. Très-belles ép., petite marge.
278 **Caylus** (comte de), fac-simile, d'ap. *Parmesan* et autres. 13 p.
279 **Cesio**. Les peintures du palais Pamphile. Cahier de 15 p.
280 **Chauveau** (F.). La Vierge, Jésus, saint Jean et des Anges. Sup. ép. — et vignettes, 5. p.
281 **Chepener**, 1699. Paysage avec fabriques. **Chodowiecki**. Animaux au repos, d'après *Diétricy*.
282 **Cheron** (L.). Le Baptême de l'Eunuque. Superbe ép. avant la lettre. (R. D. 28.), 1er état, marge.
283 — Alexandre et Diogène, pièce non décrite. Très-belle.
284 **Chiboust**. Paysage pittoresque. Superbe ép. avant la lettre. Cab. Camberlyn.
285 **Claas** (Alaert). Vénus (B. 28). Jolie p. ronde.
286 — La vignette au triton (45). Belle ép.
287 — Sainte-Famille, deux anges couronnent la Vierge. Superbe ép. d'une belle pièce non décrite par Bartsch. (Cab. de Arozarena, 72 fr.)

288 **Claussin.** Trois femmes debout, vues de dos, sur chine. — Vieillard d'ap. *Rembrandt.* La décollation de saint Jean par *Claessens*, avant la lettre. 3 p.

289 **Clock** (N.), 1599. Scène de déclaration. Magnifique ép.

290 **Clouwet.** Jeune Seigneur et son bon ange entre le ciel et l'enfer. Sup. ép.

291 **Cochin** l'ancien (N.). Costumes de femmes orientales. 11 p.

292 **Colandon.** Paysage et autres, par Collignon. 4. p.

293 **Collaert** (Adrien). La Mort et le Seigneur. — La Mort et la Dame de condition. 2 p. superbes. **Collaert** (Hans). Cigognes et autres oiseaux, frise. Très-belle ép.

294 **Conti.** Paysage avec laveuse, eau-forte. — Le même, lavé à l'encre de Chine. 2 p.

295 **Cort** (C.). Tarquin et Lucrèce. Très-belle ép. avant le nom.

296 — Jésus tenté par le Démon d'ap. *Zucchero*, ép. avant toute lettre non décrite. Superbe, marge.

297 — Fuite en Egypte, 1571. — Repas de fiançailles, quart de rond. 2. p.

298 **Cousin** (Jean). Livre de Povrtraicture, sur bois avec texte in-4° oblong, 1656. Bel exemplaire.

299 — Christ porté au tombeau, photographie d'ap. un dessin. — La Charité, eau-forte, anonyme. 2 p.

300 — Conversion de saint Paul. Superbe ép. d'après lui avec une petite marge.

301 **Coypel** (Ant.). Pan vaincu par les Amours, (R. D. 10). Superbe ép, non décrite avant toute lettre.

302 — Le même, 1er état, décrit avant 1692.

303 **Cranach** (Lucas). La pénitence de saint Chrysostome (B. I). Pièce rare, sur cuivre.

304 — Sainte Anne prenant l'Enfant Jésus d'entre les bras de la Vierge (B. 68). Sur bois, rare.

305 — *Die Mutter Gottes*. Fac-simile de dessin rehaussé d'or et de blanc.

306 **Dassonville** (J.). La pipe allumée (R D. 19.). Superbe ép. avec *Martin vanden Enden*.

307 — *Pièces non décrites* en largeur : Tabagie de 14, figures, joueur de musette de profil et à droite, garçon qui boit (2).

— Tabagie de 11 figures: joueur de guitare au coin à gauche, enfant assis (4).

— Tabagie de 8 figures : liseur de gazette et fumeur assis au milieu (6).

— La grand'mère nourrice avec 11 figures ; le nom est sur le manteau de la cheminée (8).

— Homme buvant à même la cruche. 7 figures (10).

— Le concert de 7 figures (12).

Les numéros entre sont de *P. Nolpe* 2. 5. 7. 9. et d'ap. *Teniers* (11). En tout 11 p., très-grandes marges.

308 **David** (C.). Buste d'homme tenant une flûte. — Homme buvant à la bouteille et tenant un saucisson. 2 p. très-belles.

309 **David** (H.). *Nows David.* Sujets de la vie de Jésus-Christ. 19 petites p. — Vierge et Jésus, d'ap. *Guide* en rond. 20 p. très-belles.

310 **Dé** (Maître au). La Vierge couronnée par Jésus-Christ, B. 9. 1er état.

311 — L'Envie chassée du temple. (B. 17). — Cibèle sur son char (18). 2 p.

312 — Daphné embrassant son père (20). — Les Fleuves consolant Pennée (22). Très-belle ép., grande marge. — Copie contre-partie. 3 p.

313 — Apollon et Marsias (31), d'ap. Raphaël. Très-belle ép. avant l'adresse.

314 — Les Amours et l'autruche (33). — Les quatre Amours et enfants (35). 2 p.

315 — Zéphir enlevant Psyché. Superbe ép. avant l'adresse (44-0). Les vers sont coupés. — Psyché regardant l'Amour qui dort (51), avant l'adresse. 2 p.

316 — De la suite de Psyché avant l'adresse, 41, 43, 44, 48, 51, 56, 58, 63, 64, 65. 10 p.

317 — Énée et Anchise (72). — Les Gladiateurs (77).

318 — La victoire de Scipion sur Syphax (73). — Le triomphe de Scipion (74). Superbe ép. avant *Sumptum*, mais avec *Lafreri*; le même avec *Sumptum* et l'adresse. 3 p.

319 **Decker**. Vues d'Arrakan. — Batavia. 2 p. de la plus grande beauté.

320 **De la Rue** (F.-R.). Bacchanales. 6 p. à l'eau-forte, marges.

321 **De la Val**. Vues d'Arcueil, Chevreuse et autres, à l'eau-forte. 10 p.

322 — Vue intérieure de ferme. Belle eau-forte.

323 **Demarne**. Le vieux Chêne. — Les deux Bouleaux. 2 eaux-fortes rares. Sup. ép.

324 — Vache et paysages. 4 p. très-belles.

325 — Animaux et paysages. 21 p à l'eau-forte.

326 — Bestiaux. 10 p. lithographiées.

327 **Denon**. Compositions gravées à l'eau-forte, d'après les grands maîtres. 15 p. in-fol.

328 — Portraits de dames élégantes, de personnes de sa famille et autres sujets. 10 p. très-belles.

329 **Deson** (N.). Les bâtiments en construction (M. 1436). Superbe ép.

330 — Trois groupes d'amants dans un parc; à gauche, une fontaine de Neptune. Superbe ép. très-rare.

331 — Saint Pierre, saint Paul, et 8 très-petits apôtres. 10 p. attribuées, sans nom, mais dans la manière du maître.

332 **Desruelles** (P.), 1647. Saint Jérôme.

333 **Deuchard**, 1785. Petits bustes de femmes, Religieux en extase. 3 p. à l'eau-forte.

334 **Deyster**. La Fuite d'Agar (B. 1).

335 **Dietricy**. La Danse de l'ours. Très-belle ép. avant le n°, belle marge.

336 — Le Satyre et le Paysan, avant le n°. Très-belle ép.

337 — L'Enfant prodigue demande à garder des pourceaux. Très-belle ép.

338 — Paysages avant les n^os, le Marchand de complaintes, l'Enfant prodigue aux pieds de son père, etc. 5 p. très-belles.

339 — Les Bulles de savon, manière noire. Très-belle ép., marge.

340 **Dillis**. Paysage avec des chasseurs avant toute lettre. — Le même avec la lettre. — Jeune Fille qui va déjeuner. Très-petite eau-forte très-jolie. 3 p.

341 — Paysages, le Vieux tronc d'arbre à terre. — Le Ruisseau, 2 p. en pendant, très-belles, marge.

342 **Does** (A. v. der). Sainte Madeleine, d'ap. *van Dyck*. Superbe ép., marge.

343 **Dofin** (Olivier). Repos dans la fuite en Égypte (R. D. 1). Superbe ép.

344 **Dolendo** (Z.). Le Calvaire. — Le Christ mis au tombeau. Superbe ép. avant la lettre. 2 p.

345 **Dorigny** (Michel). Apothéose de saint Joseph. — L'Amour descendant sur terre. 2 p. d'ap. *Vouet*.

346 **Dorvillier**. Jeune Dame lisant, d'ap. *de Favannes*. Charmante pièce.

347 **Dubois** (B.). La Bergère debout (R. D. 2). — L'Ouragan (3). — Alexandre et Diogène (5). 3 p. Les pièces de ce maître sont très-rares.

348 **Duc** (J.). Mage en adoration, dirigé à gauche. Très-belle ép. un peu lavée d'encre de Chine. Cab. Camberlyn.

349 **Ducq** (Anonyme dans le goût de). Le cheval de Manége. — La Cantine. 2 p. Sujets de chevaux. Belles ép. rares.

350 **Dujardin**. Les Chiens (B. 5). Très-rare et belle ép. Tout 1er état, non décrit, avant le n°, avec la morsure de l'étau, etc. Cab. Camberlyn.

351 **Duncker** et Freudebergh. Groupes de figures dans diverses attitudes. 8 p.

352 **Duplessis Bertaux.** Mendiants. 2 feuilles de 3 figures.

353 **Durer** (Albert). Jésus au Jardin des Oliviers (B. 4). Superbe ép. sur papier à la tête de bœuf.

354 — La Trinité (B. 27). Très-rare.

355 — La Vierge allaitant Jésus (34). Superbe ép. avec 1566. Bartsch dit copie A très-exacte; cette pièce est digne du maître.

356 — La Vierge donnant le sein à l'Enfant Jésus (36). Très-belle ép.

357 — La Vierge au singe (42).

358 — Saint Paul (501). Superbe ép.; au verso, Mariette 1667. Cab. Camberlyn.

359 — Saint Christophe (52). Très-belle ép.

360 — Saint Hubert ou saint Eustache (57).

361 — La Famille du Satyre (69). Magnifique.

362 — L'Oisiveté (76). Belle ép. collée.

363 — Le petit Courrier (80). Très-belle ép.

364 — La Dame à cheval (82).

365 — L'Hôtesse et le Cuisinier (84). Très-belle ép.

366 — Les trois Paysans (86). Marge.

367 — Le Paysan du Marché (89). Très-belle ep.

368 — Le Joueur de cornemuse (91). Belle ép.

369 — Le Pourceau monstrueux (95). Superbe ép. avant la raie oblique sur le dos du cochon.

370 — Le même. Très-belle ép. avec la raie.

371 — Le petit Cheval (96). Superbe ép.

372 — Le Cheval de la Mort (98). Belle ép.

373 — La Vierge au singe (42) et la copie par *Wierix*. 2 p.

374 — Armoirie à la tête de mort; la Vierge aux cheveux longs, liés avec une bandelette; la Nativité; pièces de la Passion; Cheval de la mort et autres, par et d'après. 19 p.

375 **Durer**, sur bois. La grande Passion (n°s 4 à 15). — 12 p., sans texte, latin au verso.

376 — Les Fiançailles de la Vierge (82), avant et avec le texte. — Jésus au milieu des docteurs (91), avant le texte. 3 p.

377 — Saint Jean et saint Jérôme (112). — Saint Jérôme dans sa cellule (114). — Sainte Madeleine transportée au ciel (121). 3 p. Belles ép.

378 — Le Bain (128). Samson et autre. 3 p.

379 — Rond de broderie en blanc sur fond noir (141). Superbe et rare ép. avant le monogramme.

380 **Dusart** (Corneille). Le Violon assis (B. 15). Très-belle ép.

381 — La Fête de village (B. 16). Superbe ép. avant les taches d'oxyde sur la planche.

382 **Duvet** (Jean). Le n° 5 de l'Apocalypse (R. D. 31). Très-belle ép.

383 — Le n° 8. L'Éternel achevant la distribution des sept trompettes (34). Très-belle ép.

384 **Dyck** (d'ap. van). Renaud et Armide, 2 compositions. — Le Christ au roseau. 3 p.

385 — (attribué à van). Martyre de sainte Barbe. Belle eau-forte.

386 **Dyck** (Daniel van den). La chaste Suzanne. Belle eau-forte.

387 **École allemande.** Anonymes, xve siècle. Moines à genoux devant le tombeau du Christ. — Six petits ronds, sujets religieux réunis. — Le Christ en croix, entouré de la Vierge, saint Jean, etc. 3 p., coloriées. Extrêmement rares.

388 **École de Fontainebleau,** par Léon Davent, Déesses et Nymphes (B. 18), originale et 20, 23, 25 contre-parties. 4 p.

389 — Hommes et femmes cultivant un jardin orné d'une statue du dieu Priape (B. 43).

390 — Grotte à trois portiques (69).

391 — Par René Boyvin. Muse (R. D. 66). — Jupiter et Calisto (73). 2 p.

392 — Dieu le Père (B. XVI. 370-1). — Proserpine et Psyché (404-74). 2 p. cintrées.

393 — Bataille de cavaliers et guerriers à pied (414. 96).

394 — Vase et coupe à couvercle ornés de figures (433-143).

395 — Paysages mythologiques d'ap. Léonard Thyry. 17 p.

396 — Forge de Vulcain, Panneaux, arabesques, cartouches, figures diverses, plafond. 10 p.

397 **École flamande.** Vael, Wierix, etc. 30 p.

398 **École française.** Wibert et autres. 23 p.

399 **École italienne.** Carrache, Vico, etc. 25 p.

400 **Edelinck** (G.). Sainte Famille, d'ap. *Raphaël.* Belle ép. avec les armes de Colbert. Sans marge (R. D. 4).

401 — L'Enfant Jésus, en buste, rayonnant entre deux anges qui font de la musique; au bas, quatre enfants dansent en rond. Pièce in-8, octogone, non décrite.

402 **Everdingen** (A.-V.). Le petit Paysage ovale en hauteur (B. 1), — et celui en largeur (2). 2 p. avec marges. Belles ép., papier à la folie.

403 — Le Porcher (8). — Les Tonneaux débarqués (20). — Le Ruisseau traversant le bois (101). 3 p.

404 — Les Restes de la Haie (27). 1er état avant le ciel. Très-rare. Ép. superbe de la coll. Storck. 1798.

405 **Eynhout.** Les Grâces entourées d'Amours, d'ap. *Rubens*. Eau-forte.

406 **E. S. N. T.** (Monogramme). Groupes de cinq et six hommes grimpés en diverses positions acrobatiques. 5 feuilles. — 4 hommes seuls. 9 p.

407 **F. G.** (Monogramme.) Alexandre et Talestris (B. IX. 25. 3).

408 **Faber.** Bestiaux. — Moutons. 2 p. à l'eau-forte.

409 **Fac-simile**, d'ap. Gentil Bellini, en photographie. 2 costumes persans tirés du British Muséum.

410 — Des Ecoles germanique et flamande, par Brower, Cotwick, Ploos van Amstel et autres. 63 p.

411 — Ecole française. 10 p.

412 — Ecole italienne, provenant des cabinets Crozat et autres. 88 p. Nombre en camaïeu.

413 — D'ap. Guerchin, par Bartolozzi et autres. 15 p.

414 — D'ap. Parmesan. 16 p.

415 — D'ap. Raphaël. 15 p.

416 — D'ap. Léonard de Vinci. 37 p.

417 Raccolta di alcuni disegni. Fac-simile de dessins du Guerchin, par *Bartolozzi*. 14 p. en bistre, in-fol. carton.

418 Recueil de dessins, gravés d'ap. les fameux maîtres, tirés de la collection de Dusseldorf. 1780. 79 p. en feuilles.

419 **Facini** (P.). Saint François d'Assise. (B. 1). Belle ép.

420 **Faithorne**. La Madeleine en prière, d'ap. *van Avont*.

421 — Noces de Cana. Superbe ép.

422 — Petit portrait d'Henriette? en bergère. In-8. Superbe ép. avec marge.

423 — Saint Marc. — Héro et Léandre et autres sujets. 4 p.

424 **Falbe**. Tête de vieillard. 1750. — Oriental. 1752. 2 p.

425 **Falck** (Jérémie). La Peinture. Superbe ép. avant toute lettre. Marge.

426 — La même, très-belle, la marge du bas coupée.

427 — Martius, Marchand de poissons. Belle ép.

428 — Le Concert. Quatre figures.

429 **Falcone** (Ange). Saint Jacques-le-Mineur d'ap. Primatice (B. 3).

430 — Les Cariatides (B. 10).

431 — Le Tombeau (13). 1re ép. avant la retouche.

432 — Le même, retouché, mais avant le nom, état non décrit.

433 — Les Sirènes, Nayades et Tritons (B. 17). Magnifique ép. d'une pièce gracieuse, d'ap. *Parmesan*. 1er état avant le nom.

434 **Felner**. 1816. Saint Jean. — Décapitation de saint Jean. 2 p. à l'eau-forte.

435 **Findorff**. Les deux Cascades et le Jet d'eau dans le jardin de Ludwigslust. Belle eau-forte.

436 **Flamen**. Vue dessous les arcades de l'aqueduc d'Arcueil. — Le Geai. — Martin-Pêcheur. — Le Coq dans un entourage. 4 p.

437 **Flindt**. Calice avec tête de chérubin. Très-rare.

438 **Fokke** (A.). Paysages à l'eau-forte. 2 p. — Scène de famine à Leyde. 3 p.

439 **Fornazeris**. Titre de l'Histoire de France. 1605. — La Dédicace au Roy. — Marie de Médicis assise et tenant l'épée et la corne d'abondance. Superbe ép. avec texte au revers. 3 p.

440 **I. F.** (J. Francia?). Sainte Famille au devidoir (B. XV. 457. 2). Très-rare.

441 **François** (P.-J.). Erato, eau-forte.

442 **Fratrel**. Jeunes Filles aux pieds d'un Pape.

443 **Frey** (J. de). Eaux-fortes d'ap. Rembrandt. 5 p.

444 **Fruytiers**. Saint Joachim et sainte Anne offrant la Vierge à la sainte Trinité. Très-belle ép. Cab. Camberlyn.

445 **F. G.** 1534. Amour au bas d'un rinceau d'ornement (B. 18).

446 **S. G.** (Monogramme). Pyrame et Thisbé (B. VIII. 21). Pièce non décrite.

447 **Gandolfi** (Gaetano). Petit Bacchus, Tête de femme, Querelle de Joueurs, etc. 6 p. à l'eau-forte, très-jolies.

448 **Gaultier** (L.). Vue de Paris à vol d'oiseau. 1627. Texte au revers.

449 — Titres, l'Arcadie, 1624. — Remèdes préservatifs de la peste, etc., Chevalier tuant un dragon. 2 p. Superbes ép.

450 — Christ en croix, petite p. — La Reine entourée d'Anges et Figures allégoriques, grande p. rognée tout autour.

451 **Gellée** (Claude-Lorrain). La Fuite en Egypte (R. D. 1). Superbe ép., 2e état. Sur papier, à l'encre.

452 — Le Passage du gué (3).

453 — Le Naufrage (7). Superbe ép., avec très-grande marge.

454 — Scène de brigands (12). Avant-dernier état.

455 — Le Port de mer à la grosse tour (13). 2e état. Superbe ép., marge.

456 — Le Soleil couchant (15). Très-belle ép., sans marge.

457 — Berger et Bergère conversant (21).

458 — La Danse villageoise (24), sur papier à l'encre. 1er état. Très-rare.

459 — Le Pâtre et la Bergère (25), et Marine, par *D. Barrière*, d'ap. Claude.

460 **Claude-Lorrain** (D'ap.). Fac simile de dessins, par *Caraccioli*, *Earlom* et paysages. Le Soleil levant par *Lebas*, etc. 11 p. de divers formats.

461 **Gheyn.** Triton sonnant de la trompe. — Vierge et Jésus. 3 p.

462 **Ghisi** (les). Deux Amours sur des Dauphins. A. Ghisi (B. 13). — Le Plafond d'Apollon et Pan. G. Ghisi (30). — Couronnement de la Vierge (13). — La Vierge de pitié (16). 4 p.

463 **Glomy** 1747. Charles Ier, décapité à Witehall, d'ap. B. Picart. Eau forte.

464 **Godonnesche** (Chez). Epithalame du Roy Louis XV. Allégorie.

465 **Glume.** Musiciens, têtes de jeunes filles, vieillard, etc. 5 p.

466 **Gole.** Dame assise et cavalier derrière elle. Joli costumes, manière noire.

467 **Golzius** (H.). La Vierge et saint Joseph montrant Jésus aux bergers. Superbe ép. avec 1615, mais avant l'Enfant Jésus au trait (B. 21). État non décrit.

468 — Le Porte-étendard (125).

469 — Les Muses (140 à 154). Suite complète. Magnifique ép.

470 — Les deux Sibyles (248).

471 — L'Annonciation, d'ap. *M. de Vos* (294). Belle pièce de ses commencements, marge.

472 — Junon. Superbe ép. de son école.

473 **Gotz.** Buste de vieillard, Pauvre en sabots. 2 p. à l'eau-forte.

474 **Goudt** (comte de). L'Ange et le jeune Tobie traînant le poisson. Superbe ép.

475 **Gourmont** (J. de). B. IX. 145. 6. La Vierge assise sur un autel, adorée par trois hommes. Pièce ronde. Très-belle et très-rare.

476 **Goyen** (van). Paysages à l'eau-forte. 5 p.

477 **Graf** (Urse). Vierge folle, d'ap. *M. Schongauer*.

478 **Grenette** 1517. Le Porte-drapeau (B. 7). Pièce rare. Superbe ép.

479 **Grimaldi**. L'Oiseau perché sur une souche (B. 40). Très-belle ép., 1er état. Cab. Camberlyn.

480 **Grobon** (M.). Vue de l'église de Saint-Rambert. — Vue de l'isle Barbe. 2 p. à l'eau-forte.

481 **Gronsvelt**. Animaux et paysage. 3 p.

482 **Guerard**. Paris Paradis, Purgatoire et Enfer.

483 **Guererius**. Enlèvement d'Europe, à l'eau-forte.

484 **Guido Reni**. L'Amour de l'étude (B. 16).

485 **H. F.** 1572. Vieillard assis sur une tête de mort prie devant un dragon ailé, dans un rond entouré d'arabesques. Très-rare, non décrite.

486 **Hackaert** (J.). L'Arbre incliné (B. 4). Sup. ép.

487 **Hallé** (N.). Antiochus renversé de son char (de B. 1). — Antiochus dictant ses dernières volontés (2). Très-belles ép. avant les adresses.

488 **Haller** (de). Bouts-rimés pittoresques. 12 p. Cartes à jouer drolatiques et amusantes, à l'eau-forte, et brochure en allemand.

489 **Harzen** (Eugène) Amateur, paysages à l'eau-forte. 2 p., 1790.

490 **Hecke** (J. v. den). Titre (B. 1). — Le Chenil (8). — Les trois Vaches (9). 3 p. Très-belles ép.

491 **P. V. H.** La Loge de chien (B. 1). Superbe ép.

492 — La Chienne et ses petits (6). Superbe ép.

493 — Les trois Chiens et la Charogne (7.) Sup. ép.

494 — Les Chiens de chasse (8). Magnifique ép.

495 — Les trois Chiens (10). Très-belle ép.

496 — Les trois Levriers (11). *Jonck Heer.* Sup. ép.

497 — Les quatre Levriers (12). Sup. ép.

498 **Heemskerke** (M). On voit au fond la tête d'Holopherne en haut d'une tour, rare. — Scène de la Bible. — Tobie perdant la vue, en bois, dans le genre du maître. — Et autre. 4 p.

499 **Hollar**. Aestas. L'Été. Superbe ép.

500 — Petit buste de dame avec manchon. Superbe ép., avec marge.

501 — Diane dormant, avec Pontius.

502 — Cerfs, d'ap. Durer; oiseaux. 4 p. superbes.

503 — Marines. Dordrecht, Tyrus by Sydon, louving in Irland, op. de Maese, Villebrock bey boom. 5 p. Superbes ép., avec l'adresse de Galle.

504 — Op. de Maese. Superbe ép., avec l'adresse de Meyssens.

505 — Charges, d'ap. Léonard. Assemblée, sujets tirés de l'Énéide de Virgile, etc. 8 p.

506 **Holtzman** 1759. Ruines de Dresde.

507 **Hondius** (A.). Le Lion et le Serpent (B. 3).

508 **Hooge** (R. de). Allégories sur le règne de Louis XIV, etc. 16 p. in-8.

509 — Sujets de l'Ancien et Nouveau-Testament. 8 p. in-8.

510 — Sujets sur les guerres de Religion. 6 p. in-fol. avec marge.

511 — *Sic se habet mundus*, Psaumes. 88 p. in-8, avec texte au verso.

512 **Hopfer** (Jérôme). La Vierge allaitant Jésus. Très-rare ép. d'eau-forte pure.

513 **Houbraken** (A.), Sujets allégoriques, de la Fable, Mythologie, etc. 59 p., à l'eau-forte. In-4, vol. d.-rel.

514 **Houel**. Livre de paysage et bohémienne en marche. 7 p.

515 **Huret**. Sainte Famille. Superbe ép.

516 **Hutin**. Donnez à boire, la Résurrection, Mausolée du comte de Saxe. 3 p.

517 **Jager** (D'ap.). Encadrements, légumes en guirlandes, cahier de 13 p.

518 **Jegher** (C.). Saint Jean présentant son mouton à l'Enfant Jésus. — Jésus tenté sur la montagne. 2 p. en bois, d'ap. *Rubens*.

519 **Jenet** *inventor*. Trois enfants qui se donnent des giffles. Superbe pièce *Leblond excud.*

520 **Jode** (P. de). Le Christ, la Vierge et les douze apôtres. 14 p.

521 **Jordaens**. Mercure et Argus.

522 **Jordanus** (Lucas). Scènes de la vie de Jésus. 3 p. à l'eau-forte.

523 **Julien**. Croquis à l'eau-forte. 2 p.

524 **Kauffman** (Ang.). Junon, Renaud et Armide et autre. 3 p.

525 **Kellerthaler**, 1642. Bacchus etCérès, avec autres figures dans un jardin féerique, gravé par un procédé particulier.

526 **Kessel** (Th. van). Le Satyre ivre. — Le Triton et la Nymphe. 2 très-belles pièces, d'ap. Rubens.

527 **Kip** (J.). Vue de Tarnat. Magnifique ép.

528 **Kittenstein**. Orgie de soldats.

529 **Klaas.** Paysages à l'eau-forte pure. 2 p.

530 **Klein.** Billet d'année 1815, 1820, Schwalerl, Russiche Fæhrleutz 4, et d'ap. lui, 6 p.

531 **Kleingel** (C.). La Buvette, repos des moissonneurs. 2 p. à l'eau-forte.

532 **Kobell** (F.). Paysages et sujets. 7 p., à l'eau-forte.

533 **Kruger** (A.-L.). Loth et ses filles. Eau-forte.

534 **Krug** (Louis). Le Maître à la cruche. La Nativité (B. 1). Très-belle ép.

535 — L'Adoration des Rois (2). Très-belle ép., Cab. R. Dumenil.

536 **La Belle** (Etienne de). Les Saisons. Jombert (77). 4 petites pièces. Superbes ép.

537 — La Mort au galop, tenant une trompette (Jombert 137, 1). Magnifique ép., avant le nom du maître.

538 — La Sainte Vierge, Jésus et saint Jean (157). 1er état, avant le nom.

539 — Gros vieux Hongrois (175, 9). Magnifique ép. avant le nom, marge.

540 — La Chasseresse (181). Superbe ép., rare.

541 — Un Guerrier à cheval (187). Sup. ép.

542 — Cosme de Médicis et Marg. Louise d'Orléans, sa femme (200, 4). Sup. ép. avant le nom.

543 — Deux Matelots (193). — L'Enfant et le Chien. (972). 2 p. sans le nom.

544 — Sainte Famille. Repos en Egypte, avant le nom. La même avec la lettre. 2 p.

545 — Le Siége d'Arras, plan et vue. — Siége de Piombino. 4 p.

546 — Bataille des Amalécites.

547 — Têtes, animaux, paysages ronds, marines, sujets militaires, religieux et autres, les éléments, les saisons, etc. 110 p.

548 **Laer** (P. de). La Femme assise (B. 19). Très-petite pièce en losange. 2 p. dont l'une plus vigoureuse.

— Le Cavalier (B. 20). Très-petite pièce carrée. 2 ép., l'une plus vigoureuse.

549 **Lafage** (Raymond de). La Vierge au berceau (R. D. 1). Superbe ép.

550 — La Peste des Philistins (3). 1er état. Superbe ép.

551 — Le Paysage (5). Petite p., très-rare.

552 — Bacchanale (7). Pièce rare.

553 — Fête à Bacchus (11). Pièce rare.

554 — Bacchanale; au fond, le temple du soleil. Belle p. non décrite.

555 — Junon parlant à Eole (13).

556 **Lafargue**. Vues de Hollande. 4 p.

557 **Lafrery**. Notre-Dame de Lorette, Sta Maria del Popolo; la Vierge au rosaire, et autres. Saint Ilefonse et autres sujets religieux. 23 p.

558 **Lagniet**. Le Vitrier, proverbe.

559 **Lagrené**. Saint Jérôme, la Charité et autres. 4 p. à l'eau-forte.

560 **La Hyre** (Laurent de). Repos en Egypte (R. D. 3) 1er état. Superbe ép. avec l'adresse.

561 — La Vierge et Jésus servis par des anges (5). Superbe ép., 1er état avec Langlois.

562 — La Sainte Famille à la palme (6).

563 — L'amour (17). — Les Trois enfants (19), les Quatre enfants (20). 3 jolies petites p.

564 — Apollon et Coronis. Superbe ép., 1er état (23) avant l'adresse de Poilly.

565 — Apollon et Clytie (24). Sup. ép., 1er état, grande marge.

566 — Paysages (29 à 34). Superbe suite de 6 p. 1er état avec l'adresse.

567 **Lairesse** (G. de). Jupiter et Antiope, rare et superbe ép. avant le trait carré, le n° 61 et *G. Valk ex.* — La même. 2e état. 2 p.

568 **Landry**. Les Rois et Reines de France sous la protection de la Vierge. — La Confession. 2 p. in-8. Très-belles ép.

569 **Langlois**. Paysan tirant l'oreille de son chien d'ap. Scalcken, avant la lettre.

570 **Lantara** (d'ap.). Le Gué, la Chute d'eau. 2 p. avant la lettre.

571 **Larmessin**. Apollon et Issé, joli sujet gracieux.

572 **Lasne** (Michel). Coridon. — Silvie. 2 p.

573 **Lavallée**. Vignettes pour un livre, etc. 3 p. à l'eau-forte.

574 **Lavieuville**. Paysage avec ruines, gueux. 3 p.

575 **Le Blond**, 1623 (Michel). Ecus d'armes. 3 p.

576 **Leblond**. Femme coquette recevant une lettre par-dessus l'épaule. Belle ép., marge.

577 **Le Brun** (Charles). Les Quatre heures du jour (R. D. 4 à 7). 1er état. Superbes ép., marge.

578 — (d'après). Plafond, panneaux. 4 p. avant toutes lettres.

579 **Le Clerc** (Séb.). Fide et Obsequio. Louis XIV, Colbert et Louvois, *Nil sine te*. Superbe ép. (Jombert, 194).

580 — La Multiplication des pains. Très-belle ép. (251).

581 — L'Académie des Sciences avant les mots *chevalier R* après le nom. (J. 263). Superbe ép.

582 — Le Camouflet titre. — Sujets de la Passion, Esther. Couronnement d'un prince, l'Apparition de Dieu, Costumes, etc. 22 p.

583 **Lefèvre?** Très-petits paysages, en forme de frises avec figures genre Callot, Promenades de seigneurs, Batailles, etc. 11 p.

584 **Le Lorrain**. Nymphe sortant de l'eau. — Bouclier d'Achille, d'Hercule avant la lettre, Jugement de Salomon. 5 p.

585 **Le Maire** (J. de). Le Chevrier, très-rare.

586 **Le Pautre**. Vœux de Louis XIII, in-fol.

587 — Visions de Quevedo avec la mort qui l'emmène en enfer. 5 p. curieuses et très-rares.

588 — Clostures de chappelles. 6 p. superbes ép.

589 — Vases, Fontaines, Saint-Sacrement, Eau bénitiers, etc. 19 p. très-belles ép.

590 — Moïse sauvé des eaux d'ap. *Bourlier*.

591 **Leroux** (Louis). L'Eau, Vénus sur les eaux (R. D. 1) — L'air, Junon (3). 2 p. rondes très-belles. — Le Triomphe de Galathée. 3 p.

592 **Leroy** (Henri). La Volière des oiseaux. 8 p. en forme de frises.

593 **Leroy** (Alphonse). Collection de Fac-simile de dessins originaux de grands maîtres qui se trouvent au Musée du Louvre, etc. 20 p. in-fol. et texte dans son portefeuille.

594 **Le Sueur** (Eustache). Sainte Famille à mi-corps, la seule pièce du maître, 1er état, superbe. — La même, 2e état, avec l'adresse de Bourlier, etc.

595 **Lesueur** (d'ap.). Martyre de Saint-Laurent, Sacrifice, etc. 4 p.

596 **Lesueur** (Louis). Paysages aux environs de Paris. 6 p., plusieurs avant et avec la lettre.

597 **Leu** (Thomas de), 1579. La Justice récompensant le mérite d'après Zucchero. Rare, superbe ép.

598 — Métamorphoses d'Ovide. 10 p., Isac, etc.

599 **Leys**. Conduite d'un criminel au supplice ; on descend un escalier gothique. - Intérieur de cuisine. 2 p. à l'eau-forte.

600 **Livens** (J.). Figure orientale (B. 12). Belle.

601 **Lochom** (M. van). Le Triomphe de Bacchus. Superbe ép.

602 **Lombart**. Les Disciples d'Emmaüs, d'ap. *P. Véronèse*, avant la lettre.

603 **Louis** (Jac.). Intérieurs rustiques d'ap. *Ostade*. 3 p. dont un avant la lettre.

604 **Loutherbourg**. Seconde suite de figures. 6 p. (de Baudicourt 7 à 12). Superbes ép.

605 — La Vache et l'Anon (de B. 17). Superbe ép. et la copie contre-partie de Lasalle. 2 p.

606 — Le Matelot oriental (21). Très-rare.

607 — Le Baiser du savetier (22). Rare.

608 — Les Joueurs de trictrac (23). Burlesque. Sup. ép.

609 — La Boutique du barbier (24). Charge. Très-rare.

610 — Quatre têtes séparées sur la même planche (32). Très-belle ép.

611 — Troupeau en repos, très-petite pièce. — Le Charlatan, Messiou et Dames, pièce amusante et curieuse, par Foulquier. 2 p.

612 **Louys.** Les Nymphes de Diane, dormant, surprises par des satyres, d'ap. *Rubens.*

613 **Lucas de Leyde.** Le Péché d'Adam et Eve (B. 10) du cab. van Esdaile.—Mars et Vénus (137). 2 p. en pendant, belles ép.

614 — Les deux Vieillards apercevant Suzanne dans le bain (33).

615 — L'Annonciation (35).

616 — Le Couronnement d'épines (49). Très-belle ép.

617 — Le Portement de croix (51). Superbe ép. avec une petite marge.

618 — Le Couronnement d'épines (69). Rare, belle ép. Collection Grunling.

619 — Jésus présenté au peuple (71). C'est une des pièces capitales du maître.

620 — Le Calvaire (74) pour faire pendant au précédent.

621 — L'Homme de douleurs (76).

622 — Jésus-Christ apparaissant à la Madeleine (77). Belle ép.

623 — La Vierge dans une gloire (80). Belle ép.

624 — Saint Dominique (118).

625 — Sainte Madeleine (123). Très-rare, des premiers temps du maître.

626 — Le poète Virgile suspendu dans un panier (136). Belle ép.

627 — Le Chirurgien (156).

628 — L'Opérateur (157). Très-belle ép. (arracheur de dents).

629 — Tête de guerrier (160). Arabesque.

630 — Panneau d'ornements avec deux Sirènes (164). Très-belle ép.

631 — Un Écusson vide soutenu par deux enfants (166).

632 — Les Armes de Leyde (168).

633 — Deux rinceaux d'ornements (169). Belle ép.

634 **Luyken**. La Mort du prince d'Orange en 1584. Très-belle ép. d'ap. *R. de Hooge.*

635 **Maes** (P.), 1577. Ætatis 17, Jupiter et Léda. Jolie petite pièce.

636 — Sainte Famille. — Saint Michel. 2 p. à l'eau-forte, très-belles ép.

637 **Maîtres anonymes**. Panneaux d'arabesques et Nymphe avec un aigle entourés d'ornements noirs. 5 p.

638 — De la fin du xve siècle. La Messe de Saint-Grégoire colorié du temps, cab. Camberlyn.

639 — Du xvie siècle. Un Saint debout s'appuie sur une échelle de la main gauche. Rare, non décrit, marge. Cab. Camberlyn.

640 — Du xviie. Flamand. Ensevelissement de Jésus-Christ. Composition de onze figures. Cab. Camberlyn.

641 — Saint Jérôme en prière.

642 — La Cène, petite pièce ronde.

643 — 1521. Soldat arrêtant un cavalier porte-enseigne. — Le Porte-enseigne. — 1520, Soldat penché en avant appuyé sur sa lance. 3 petites pièces très-belles.

644 — Andromède. Pièce ronde très-belle.

645 — Apollon et Daphné. Petite pièce. Superbe ép.

646 — L'Étude. Petite pièce. Très-belle ép.

647 **Manglard,** 1753. Beau paysage (R. D. 20).

648 — Le port de Naples (30). Rare.

649 **Mantegne.** La Descente de croix (B. 4). Restaurée.

650 — La Vierge (B. 8). Belle ép. avec les auréoles, rognée.

651 — Combat de deux tritons (17).

652 **Manuel** (N.). Surnommé Deutsch, graveur sur bois. — Une Vierge sage, belle ép. sur papier à la tête de bœuf. — Femme vue de face près d'un tronc d'arbre. Belle ép. Cab. Camberlyn. 2 p.

653 **Maratte** (Carle). La Visitation (B. 3). Très-belle ép. avant la lettre, 1er état, non décrit.

654 — La Vierge et la Madeleine (6). 1er état avant la lettre, non décrit. Superbe ép.

655 — La Vierge, Jésus et le petit Saint Jean (9).

656 — Le Mariage de Sainte Catherine (10). 1er état avant la lettre, non décrit.

657 **Mariette** (J.). L'Ange gardien. Magnifique ép. avant toute lettre et nombreux travaux. Extrêmement rare sinon unique, avec marge. Cab. Camberlyn.

658 **Masson** (A). Sainte Famille d'ap. *Mignard* (R. D. 3). Superbe ép. 1er état.

659 **Matham.** Tous ces rubis.—Nous sommes saouls et sans soucy, etc. 2 p.

660 — 1629. Jeunes filles en costumes du temps avec vers. 2 p. superbes ép., marge.

661 — Allégorie. Un vase de fleurs entre un enfant et la mort. Belle pièce. Très-belle ép.

662 **Mauperché.** L'Ange luttant avec Jacob. (R. D. 1). Très-belle ép., marge.

663 — Tobie offrant le poisson à l'Ange (8). Très-belle.

664 — L'Ange conseillant Tobie (9). Très-belle, marge.

665 — Le repos en Egypte (22). Superbe ép., marge.

666 — Le Supplice de Marsyas (27).

667 — Le Rocher percé (43). Superbe ép.

668 — La Pêche aux écrevisses (48).

669 — La Fontaine monumentale (49). Très-belle ép. Cab. Camberlyn.

670 **Meldolla.** Saint Paul. (B. 37.)

671 **Mellan.** Dieu planant au-dessus de l'Histoire et l'Antiquité. Superbe ép. avant toute lettre.

672 — Louis XIII enfant et sa mère recevant M. Macé le Boullanger et autres. Très-belle ép.

673 — Petit cartouche ovale. — Les Satyres. 2 p. belles.

674 — Groupe de sainte Thérèse, la Charité romaine, saint François, Jésus au jardin des Oliviers, saint Jean, etc. 8 p.

675 **Mengardi** (B.). Sacrifice d'Abraham. Sup. ép.

676 **Meyer** (Melchior). La Résurrection, d'une grande finesse d'exécution.

677 **Meyeringh.** La Fontaine. (B. 4.) 1er état avant grand nombre de travaux. Sup. ép.

678 — Pan et Syrinx. (7.) Avant beaucoup de travaux. Sup. ép.

679 — Suite de 12 paysages. (1 à 12.) Superbes ép.

680 — Paysages. (13, 14, 15, 21.) 4 p. très-belles et le (11) contre-épreuve. 5 p.

681 **Michel-Ange** (d'ap.), petites figures de la chapelle Sixtine (12). David et Goliath, Léda. Lithog. de *Hesse*.

682 **Mignard** (Nicolas). Hercule entre le vice et la vertu (R. D. 3), avec l'adresse de *Mariette* avant-dernier état.

683 **Mitelli** (J. M.). Saint Sébastien exhortant au martyre saint Marc et saint Marcellin. (D'ap. *Véronèse*. (B. 31.) — Les Cris de Bologne (130, 131, 140, 143, 150, 154, 155). 8 p.

684 **Molyn** (P.). Poste avancé. A droite, dans un chemin, arquebusier prêt à tirer; au milieu, vers la gauche, un cavalier avec deux chevaux et deux fantassins attendent le cavalier qui est au bord, à gauche. Taché d'huile.

685 — L'Étoile des Rois. Superbe ép. d'un effet de nuit.

686 **Montagna** (Benedetto). L'Homme assis près d'un palmier. (B. 28.) 1er état avant l'adresse de *Guidotti*.

687 **Morandi** (G. M.). La Samaritaine. (B. 1.) Seule pièce du maître. Très-belle.

688 **Moreau** (E.). Le somptueux et magnifique édifice de l'hôtel de ville de Reims.

689 **Morin** (J.). Suite de 6 paysages ronds. (R. D. 89 à 94.) 1er état avec les angles blancs. Très-rares. D'une grande beauté.

690 — La Cafarelle (100). Sup. ép. Marge.

691 — Le petit Saint-Bernard (32). Belle ép.

692 — Le Chasseur. D'apr. Fouquière. Très-belle ép.

693 **Moro** (Marco del). Triomphe de Neptune. (B. 7.)

694 **Moucheron.** Les belles Vues de la cour de Heemstede dans la province d'Utrecht. 27 p., vol. in-4 oblong. Carton.

695 — Paysages. D'ap. le Guaspre Poussin. 9 p. très-belles.

696 — Vues de Fontaines dans des parcs. 4 p. en hauteur.

697 — Intérieurs de parcs avec fig. 3 p. Sup. ép.

698 **Moyaert** (N.). Le Retour de Tobie. Très-belle ép.

699 — Mercure endormant Argus. Très-belle avec marge.

700 — Le Pâtre. 1er état avant l'adresse de *Valk*. Sup. ép. papier à la folie. Col. Esdaile.

701 **Mulinari.** *Fac-simile* d'ap. les maîtres de l'école italienne. 22 p.

702 — Raccolta de dessins de l'école florentine dans la galerie du duc de Toscane. 24 p.

703 **Mulier** (Fréd.). Les trois Juifs. Petite eau-forte.

704 **N. W. M.** (Maître inconnu.) La Victoire et la Renommée. (B. VIII, 544, 2.)
— Sacrifice au dieu Priape (3).
— Le Cheval ailé (5).

705 **Naiwjncx**. Le Chemin près des trois Arbres. (Bartsch, 5.)

706 — Pays rempli de rochers (7.) Très-belle ép.

707 — Les deux Arbres près de la rivière (10). Superbe.

708 — La Chute d'eau entre les rochers (14). Belle ép.

709 — Le Rocher baigné par un ruisseau (16). Superbe.

710 **Nanteuil** (R.). Les quatre Evangélistes. Titre. (R. D. 7). Très-belle ép. avant-dernier état.

711 **Natalis**. Titre Diurnale Cartusiense, 1661. Sup. ép.

712 — Vierge, Jésus dormant et saint Jean. (D'ap. Bourdon). Sup. ép. au sein découvert.

713 **Natoire**. L'Adoration des Rois. (R. D. 1.) — La Sainte Famille. (R. D. 2.) 2 p.

714 **Neyts** (G.). Le jeune Tobie. (B. 4.) Pièce très-rare sur papier à la folie.

715 **Nielles** des Orfèvres florentins. XVe siècle (15). Soldats romains dirigés à gauche. Très-petite p. en hauteur.

716 — Un Sacrifice composé de 12 figures en travers.

717 — Saint Sébastien et saint Christophe. Très-petite pièce en rond. Sur papier moderne.

718 **Onofrio** (Crescentio). L'Arbre rompu. (B. 2.) Sup. ép.

719 **Orley**. Sujets religieux et mythologiques. 9 p.

720 **Ornements**. Babel, Haberman, etc. 28 p.

721 **Ostade** (Adrien Van). Le Fumeur riant (B. 6). Superbe ép. avant les lignes perpendiculaires sur la table.

722 — Homme et femme marchant ensemble (24). Très-belle.

723 — La Fileuse (31). 1er état. Très-rare. Col. Rechberger. Sup. ép.

724 — La même. 3e état avant les retouches au burin sur la fenêtre, etc. Sup. ép.

725 — Le Peintre (32). Superbe ép. Col. W. Esdaile.

726 — La Famille (46). Avant les tailles horizontales entre le lit et la fenêtre. Très-belle ép.

727 — La Poupée demandée (16). — La Grange (23). 2 p.

728 — La Famille, le Joueur de violon, le Charlatan, le Vielleur et autres. 15 p. Belles ép.

729 **Ostade** (d'ap.). Le Nouvelliste, la Chaumière flamande, la Baraque rustique. 3 p. gravées en couleur par Janinet, montées en aquarelles.

730 **Parmesan** (Mazzuoli). Judith. (B. 1).

731 — La Nativité (3).

732 — La Sépulture de Jésus-Christ (5). Belle ép., 1er état.

733 — La même. 3 copies différentes et 3 Apôtres. 6 p.

734 — Saint Pierre et saint Jean guérissant les malades à la porte du temple (7).

735 — Sainte Thaïs (10). — Le Berger debout (12). 2 p.

736 **P. F.** Jésus-Christ et les Apôtres (B. XVI. 19. 1 à 13). 13 p.

737 — Saint Jacques le majeur (4).

738 — Un Philosophe assis (19).

739 — Femme considérant une sphère (20). Superbe ép.

740 **Parmesan** (d'après). Sainte Famille et autres sujets par divers graveurs.

741 **Parrocel** (J.). Jésus et la Samaritaine. (R. D. 54). 1er état avant le nom du maître et le n° 5. Superbe ép.

742 **Pas** (C. de). Les Ages de la vie. 9 pièces en rond. Manque n° 2, la 20e année.

743 **Patel** le fils. Vues de monuments avec des colonnes, ruines. 2 p. à l'eau-forte, rares.

744 **Pencz** (G.). Judith et sa Servante qui porte la tête d'Holoferne. (B. 25).

745 — Jésus-Christ entouré des petits Enfants (56). Très-belle ép.

746 — Procris tuée par Céphale (73).

747 **Perrier** (F.). Les Noces de Psyché (R. D. 34).

748 **Perrin** (O.). Les Jeux bretons, la Moisson, les Voyageurs, le Catéchisme, la Procession, le Départ pour le marché. 7 p. Très-belles ép., marge.

749 **Peters** (F.-L.). La Vierge allaitant l'enfant Jésus. Très-petite pièce la seule du maître, très-rare.

750 **Petits Maîtres.** La Passion, Adam et Eve, et sujets divers. 27 p.

751 **Picart** (B.). Supplice de Marie Stuart et de Charles Ier. 2 p. très-belles.

752 **Picart** (I.) L'Ane chez le barbier. — Rois, princes, courtisans, ne faites plus la guerre. 2 p. curieuses.

753 **Picou**. Trois Amours avec une tête de mort. — Cortége du petit Bacchus, frise de dix enfants. 2 p.

754 **Ploos van Amstel**. Son Œuvre de *Fac-simile* de dessins d'ap. les grands maîtres de l'école flamande. 47 p. au lavis, aquarelle, etc. Volume.

755 — Le Joueur de violon devant la chaumière. Beau *fac-simile* d'ap. Ostade.

756 **Po** (P. del). Vierge et Jésus adorés par des Saints.

757 **Poilly** (de). Sainte-Famille d'ap. *N. Poussin*. Magnifique ép. avant la lettre, marge.

758 — Saint Jean évangéliste, d'ap. Lebrun. Saintes Familles d'ap. *Bourdon* et d'ap. *Stella*. 3 p.

759 **Pontius** (P.). Le Roi boit, d'ap. *Jordaens*. Très-belle ép.

760 **Popma** (A.). La Vierge, — l'Ange Gabriel. 2 médaillons. Superbes ép., marge.

761 **Poussin** (d'ap. N.). Les Travaux d'Hercule et Cariatides. 12 p.

762 — Mariage de la Vierge, Sainte Françoise, Sainte Famille, etc. 7 p.

763 — La Passion, par *Claudia Stella*. 13 p.

764 — Cinq Enfants jouant avec pommes et papillons.

765 — Diogène. Grand Paysage, par *Grebert*.

766 — Les Paysages, par *Baudet*. 6 p. Grand in-fol. Anciennes ép.

767 — Les Sacrements, par *Pesne*. 7 p. Grand in-fol.

768 **Pouwelszoon** (N.). La Fuite en Égypte. 1er état avant l'adresse de *Visscher*. Seule pièce du maître. Superbe ép.

— La même, avec l'adresse de *Visscher*. Très-belle.

769 **Prevost** (Nicolas). La Vierge, Jésus et le petit Saint Jean.

770 — Vierge et Jésus. Non décrite.

771 — La Charité. Non décrite.

772 **Primatice** (F.). Les deux Femmes romaines. Seule pièce du maître. Rare.

773 **Procaccini**. Repos en Égypte. 1re ép. avant l'adresse de *P. Mariette*.

774 **Ragot**. Les Chats musiciens. — Le Borgne joueur de violon. 2 p. drôlatiques et amusantes.

775 **Raimondi** (Marc-Antoine). Sainte Cécile. (B. 116.)

776 — Martyre de sainte Félicité (117). Ant. sal. exc.

777 — Vénus sortie du bain (297).

778 — La Vendange (306). Très-belle ép. Etat parfait.

779 — Le Faune et le Tigre (307). Très-belle ép.

780 — Triomphe de Galathée (350). Avant l'adresse de Salamanque sur papier, à l'Ancre. — En plus la copie A. 2 p.

781 — Le Bâton courbé (369). Petite pièce. Belle ép.

782 — La Force (395), par Marc de Ravenne. Très-belle.

783 — Les trois Animaux dans un ovale (405).

784 — Statue mutilée d'un Homme vêtu (486), par S. de Ravenne. Belle ép.

785 — Raphaël Sanzio d'Urbin, enveloppé dans son manteau et assis (496). Cette pièce, d'un goût admirable, est une des plus belle et rare de l'œuvre. Cette ép. est un chef-d'œuvre de restauration.

786 — Portrait du poëte Arétin (513). C'est une des pièces la plus finie et la plus artistement exécutée de l'œuvre. Très-rare.

787 — La Passion, d'après Albert Durer (585 à 620). 35 p. Manque le titre et le 617.

788 — Les trois Paysans, d'ap. A. Durer (648).

789 — Bacchantes et Faune. Morçeau de gauche du (250). Très-belle ép.

790 — Les petits Saints, et autres petites pièces. Copies. 9 p.

791 — Les deux Amours et les sept Enfants dansant en rond. Copie A et trois autres copies. 4 p.

792 — Massacre des Innocents, Jugement de Pâris, la Vierge à la longue cuisse, Piéta, Alexandre et Roxane, Jeune et Vieux bacchant, et autres. 22 p.

793 **École de Marc-Antoine.** Le Triomphe de Vénus. B. XV, p. 38-7. Avant l'adresse de *Nobilibus*. 1er état. Très-rare.

794 — Le même, avec *Petri de Nobilibus Formis*.

795 — Judith. — Triomphe de Scipion.

796 — La Dialectique et la Logique (5). Très-belle ép.

797 **Raphaël** (d'ap.). Riposo in egitto, par *Fiorini*. Belle ép. Toute marge.

798 — Vierges et Jésus, le Christ au tombeau. 3 p.

799 — Sujets des Loges, Apôtres, Vierges, Têtes, Massacre des Innocents, etc. 36 p.

800 **Rauscher**. 1788. Paysages à l'eau-forte. 2 p. superbes.

801 **Ravenne** (Marc de). Laocon (243). *Ant. sal. exc.*

802 **Rembrandt**. Son Portrait, aux cheveux hérissés (B. 8). Rare et très-belle.

803 — Le même, plus faible.

804 — Avec l'Écharpe autour du cou (17). Superbe.

805 — Le même. Belle ép.

806 — Portrait au bonnet rond (16).

807 — Rembrandt et sa Femme (19). Magnifique ép.

808 — Le même. Ép. ancienne.

809 — Rembrandt au bonnet orné d'une plume (20). Très-belle ép.

810 — Rembrandt appuyé (21). Le plus beau portrait du maître.

811 — Abraham avec son fils Isaac (34). Superbe ép.

812 — Le même. Belle ép.

813 — Joseph et la femme de Putiphar (39). 1er état. Superbe.

814 — Le même, avec les retouches. Très-belle ép.

815 — Le Triomphe de Mardoché (40). Belle ép.

816 — David priant Dieu (41). 1er état avant la retouche.

817 — L'Ange disparaît devant la famille de Tobie (43). Superbe ép. avant les travaux à la gauche, en bas.

818 — Circoncision (47). 1er état. Superbe ép.

819 — Présentation au temple (49).

820 — Jésus au milieu des docteurs (64). Très-belle.

821 — Le Denier de César (68). Superbe ép., papier du Japon.

822 — Jésus chassant les vendeurs du Temple (69). 1er état à la petite bouche.

823 — Le même. 2e état avec la grande bouche.

824 — Jésus et la Samaritaine (70). Magnifique ép., papier du Japon.

825 — La même. Très-belle ép.

826 — Jésus au jardin des Oliviers (75). Superbe ép.

827 — Le même. Belle ép.

828 — Jésus-Christ entre les deux larrons (79). Pièce ovale, avant la retouche.

829 — Le Transport de Jésus-Christ au tombeau (84). Ancienne et belle ép.

830 — Retour de l'Enfant prodigue (91). Belle ép.

831 — Pierre et Jean à la porte du Temple (94). Avant l'ombre prolongée, au bas à droite.

832 — Le même, avec l'ombre.

833 — Le Baptême de l'Eunuque (98). Belle ép.

834 — Saint Jérôme (100). Superbe ép. Col. R. Dumenil.

835 — Saint Jérôme à genoux (102). Collée.

836 — La Jeunesse surprise par la Mort (109). Jolie pièce. Superbe ép.

837 — Les Musiciens ambulants (119).

838 — Le même, avec *restaurée par Watelet* 1767, écrit de la main de Watelet. Grande marge.

839 — La faiseuse de Kouks (124). Superbe ép. Avant le n°, dans le haut à droite.

840 — La même, avec le n° effacé.

841 — La Synagogue des Juifs (126). Très-belle ép. avant la retouche.

842 — Le Jeu du Kolf (125). — Le Paysan avec femme et enfant. Grande marge (131). 2 p.

843 — Juif à grand bonnet (133). Très-belle ép.

844 — Paysan les mains derrière le dos (135).

845 — Le Joueur de cartes (136). 1er état avant beaucoup de travaux. Rare et belle.

846 — Figure Polonaise (140). Très-rare et belle.

847 — Vieillard vu par le dos (143). Belle ép.

848 — Vieillard à barbe courte (151).

849 — Le Persan (152). Belle ép. avant la retouche.

850 — Le même. Ep. vigoureuse.

851 — Gueux debout (162). Pièce rare.

852 — Gueux debout (163). Superbe ép.

853 — Gueux et Gueuse (164). Très-belle ép.

854 — Mendiants homme et femme à côté d'une butte (165). Belle ép.

855 — La Femme à la calebasse (168).

856 — Vieille Mendiante (170).

857 — Paysan déguenillé, les mains derrière le dos (172).

858 — Gueux assis sur une motte de terre (174). Superbe ép.

859 — Gueux estropié (179). Avec une petite marge.

860 — Femme nue, les pieds dans l'eau (200). Superbe ép., papier du Japon.

861 — Paysage à la tour carrée (218).

862 — L'Homme sous une treille (254). Rare.

863 — Vieillard à grande barbe et bonnet fourré (262). Très-belle ép., papier à la folie.

864 — Le même. Ep. moins belle.

865 — Jean-Antonides vander Linden (264). 2e état. Très-belle.

866 — Vieillard à barbe carrée (265). 1er état avant la retouche. Marge.

867 — Janus Silvius (266). Belle ép.

868 — Jeune homme assis et réfléchissant (268). Superbe ép.

869 — Faustus (270). Ancienne et belle ép.

870 — Renier Ansloo (271). Sur papier de Chine. Collée.

871 — Clément de Jonge (272). Très-belle ép.

872 — Le même. Belle ép. retouchée.

873 — Le jeune Haring (275).

— Le même. Moins beau.

874 — Jean Asselin (277).

875 — Ephraïm Bonus, dit le Juif à la rampe (278). Epreuve sur papier à la chapelle.

876 — Wtenbogaerd (279). Belle ép.

877 — Vieillard à grande barbe (291). Très-belle ép.

878 — Homme en cheveux (289). Superbe ép. sur papier à la folie.

879 — Jeune homme à mi-corps (310), dit le petit prince d'Orange. Très-belle ép. Col. Gawet.

880 — Le même. Moins belle. Très-fine.

881 — Homme à moustaches relevées (321). Belle ép.

882 — Vieille Femme assise (344). 1er état. Très-belle ép. Col. Weber.

883 — La même. Moins belle. Même état.

884 — La Liseuse (345). Très-belle ép.

885 — La même. Belle ép.

886 — Vieille Femme coiffée à l'Orientale (348).

887 — Buste de la mère de Rembrandt (349).

888 — Le même. 2e état, avec le monogramme de Watelet. *C. H. W. reparavit* 1760.

889 — Femme avec grande cornette (349).

890 — Griffonnement à la tête de Rembrandt (363). Belle ép., papier à la folie.

891 — Le même. Autre belle ép.

892 — Académie (196), Jean Lutma (276), et autres pièces par et d'après lui. 12 p.

893 **Renos** (Antoine). Quatre Amours, un Chien et un Cerf mort. Du cab. R. Duménil.

894 **Reverdino** (G.). Sainte Madeleine agenouillée dans une grotte, des anges, à gauche, viennent du ciel. Petite pièce ronde. Non décrite.

895 **Reysschoot** (F. Van). *The young sportsman*, d'ap. Teniers (le chasseur).

896 **Ribera**, dit l'Espagnolet. Le Corps mort de Jésus-Christ (B. 1). Superbe ép.

897 — Saint Jérôme lisant (3). Sup. ép.

898 — Saint Jérôme entend la trompette de l'ange (4). Superbe ép. avant 9. *a*. en bas, à droite.

899 **Ridinger**. Memento mori. Grand in-fol. en manière noire.

900 **Rivalz** (A.). 1700. Allégorie à la mémoire du Poussin (R. D. 5).

901 **Robert de Seri**. Sainte Famille (R. D. 14). Très-belle ép.

902 **Rochebrune** (de). Château de Saint-Hermine et autre. 2 jolies p. à l'eau-forte.

903 **Roghman** (R.). Vues de Hollande. 4 p.

904 **Rota** (Martin). Vanitas et omnia vanitas. Le Jugement dernier.

905 **Rouhier** (L.), de Dijon. L'Obélisque Pamphile.

906 **Roullet**. La Vierge et autres petits Sujets religieux. 4 p. superbes.

907 **Rousselet**. La Géométrie. — La Dialectique. 2 p. Superbes ép.

908 **Rubens**. Saint François. — Sainte Madeleine. 2 eaux-fortes originales.

909 **Rubens** (d'ap.). Judith, Abraham, Saint Roch, Martyr de saint Thomas, Melchisédech, etc. 7 p.

910 — Les trois Enfants de Rubens jouant avec un chien. Ep. avant toute lettre.

911 **Ryshrack**. Diane et Actéon (B. 1). Et autre Paysage (6.). 2 p.

912 I. S. (Jean Siebmacher), on dit Stéphanus fils? **Jupiter.** — Vénus et l'Amour. 2 sujets en ovales, en travers.

913 — **1582.** Le Temps au milieu d'un paysage riche de fabriques. Pièce ronde.

914 — ? Pièce emblématique historique sur Léon X, avec grand nombre de figures des Potentats et Religieux célèbres. D'une grande finesse d'exécution.

915 P. S. (Monogramme). Deux Cariatides. 1538, d'ap. *Polydore* (B. XV. 497. L.).

916 Sachteleven (Cor.). Les Cinq Sens. Premières et très-rares ép., avec l'adresse de *Berendrecht*. 5 p. superbes avec marges.

917 Saftleeven (Cornelis). Chats, Chiens, Chèvres, Volailles. 9 p. à l'eau-forte.

918 St.-A. Allégories, d'ap. Le Brun, pour orner des panneaux ornés d'animaux. 12 p. à l'eau-forte.

919 Saint-Igny. Caliste, joli Profil de Femme, Costumes de seigneurs. 4 p. très-belles.

920 Sandrart. La Maîtresse du Titien tenant des fleurs. Très-belle ép. (Flore). Rare.

921 Sauvé. Le Malade imaginaire, la Comtesse d'escarbagnas, les Amants magnifiques. 3 vignettes, rares.

922 Savoye (Daniel). La Sainte-Famille servie par des anges. Pièce rare.

923 Savry (Salom.). L'Homme tenu et fouetté par trois femmes. Pièce drolatique amusante.

924 Scalberge. Sainte Famille, Dilectus meus. Très-belle ép.

925 **Scarcello** (Jérôme). Sature (B. 20).

926 **Schatzell** pinx et fe. Le Cordonnier laborieux. Superbe ép., marge.

927 **Scheits**. Le Vielleur aveugle, et d'après lui le Marchand de lunettes, la Danse et autres. 5 p.

928 **Schenk** ex. Marines, Chantiers de navires, Naufrages, etc. 11 p.

929 **Schidone**. Sainte Famille, Jésus tient la croix, belle ép.

930 **Schmidt** (Jos.). *Fac-simile* d'ap. les dessins de Rembrandt chez le comte Kollowrath. 12 p.

931 **Schmidt** (G. F.). Saint Pierre repentant, la Mendicité, vase. 3 p., très-belles ép.

932 **Schonberg**. Petit paysage d'ap. *Ruysdael*, et effet de nuit. 2 p. à l'eau-forte.

933 **Schongauer** (Martin). Saint Laurent (B. 56). Belle ép. d'une très-belle condition.

934 — La Vierge sur un trône auprès de Dieu (B. 71). Très-belle ép. des cabinets Storck, 1799, Donnadieu et Dreux.

935 — La même, très-belle ép. sur papier à la tête de bœuf.

936 — Une Vierge sage (77). Cab. Vivenel.

937 — Une Vierge folle (84). Cab. Vivenel.

938 — Jésus au jardin des Oliviers.—La prise de Jésus. 2 pièces rondes, les planches sont conservées à Bâle.

939 **Schuppen** (van). La Sainte Famille au pigeon, d'ap. *Séb. Bourdon*. Très-belle ép.

940 **Schut** (C.). Vierge et Jésus. — Le Triomphe de la Fortune. 2 p.

941 **Seghers** (d'ap. G.). Jésus dans la crèche adoré par Sainte Claire et Saint François. Magnifique ép.

942 **Sichem** (van). Buste d'homme tenant un gant. Belle p. en bois.

943 **Sirani** (Elisabeth). Repos en Egypte (B. 4). — Repos en Egypte (5). — Sainte Famille (8). 2 p.

944 **Slodtz** (R. M. A.). Études de têtes et de figures drapées (de Baudicourt II, page 112). La seule p. du maître. Très-belle ép.

945 **Smees** (J.). Paysage (B. 4). Très-rare. Superbe ép.

946 **Solis** (Virgile). Orphée (B. 127). Frise, belle ép.

947 — La Querelle des quatre soldats (250). Superbe.

948 — Cartes à jouer, les Singes représentants les trèfles, I, IV, V. 3 p. tirées de la suite (300). Très-belles ép., rares.

949 — Charles-Quint, Ferdinand, François Ier et leurs femmes. Six petits médaillons formant frise (436). Très-belle ép.

950 — Sol. Petite p. en travers. — Herczog Gotfridt en hauteur. 2 p. très-belles.

951 — Frise au vase avec Cerf, deux Chiens et Licorne. Belle ép.

952 **Solis.** Les Saisons, en frises, chasses, etc. 7 p.

953 **Sommerau**, 1774. Tête orientale. — Tête de Vieille. 2 p. Superbes ép.

954 **Soutman** (P.). Vénus couchée et dormant, d'ap. *Titien*. Superbe ép.

955 **Spielenberger** (Hongr.). Vertumne et Pomone. Pièce à l'eau-forte, très-rare. 2 ép. dont une moins belle.

956 **Stengel**, 1803. Château de Staremberg et autre. 2 p.

957 **Stephanus** (Étienne de Laulne). Chasse au sanglier et au lièvre, frises. 2 p. Très-belles ép.

958 — Sujets bibliques dans des ornements. 6 p.

959 — Le Parnasse, in-4. Superbe ép.

960 — Femme couchée dans un rond au milieu d'arabesques ornées de figures. Superbe ép.

961 — Narcisse, — le Parnasse. 2 très-petites p. Très-belles ép.

962 — Arabesques avec figures dans des ovales. 4 p. magnifiques ép., avec marge.

963 — Les Parties du monde. 4 p. ovales en travers. Très-belles ép.

964 — Annibal, Scipion. — Hector, Achille. — Pyrrhus, etc. 4 petites Batailles magnifiques. Ép. avec une petite marge.

965 — Sujets mythologiques. 12 très-petites p. ovales en hauteur.

966 — Les Sciences, etc., Astronomie, Musique, Rhétorique, etc. 12 p. ovales en hauteur. Superbes ép.

967 — Petites pièces ovales de diverses suites. 16 p.

968 — Sujets bibliques et autres. 16 p.

969 — Sujets divers, Saint Paul d'ap. J. Cousin, Copies d'ap. Marc-Antoine, Histoire de Diane, Mois, Combat de paysans, Arabesques, etc. 12 p.

970 **Stoop** (Dirk). Différents chevaux (B. 1). 3e état avant l'adresse de Witt effacée. (2, 6, 12). 4 p. Belles ép.

971 **Stoop** (R.). Combat des oiseaux et des quadrupèdes. Pièce rare.

972 **Suyderhoef**. Bacchus ivre soutenu par un Satyre et un Bacchant, d'ap. *Rubens*.

973 — Juin.—Août. 2 p., d'après *Sandrart*. Superbes ép.

974 **Swanevelt** (H.). La Fileuse et les quatre bœufs (B. 78). Très-belle ép. avec *ex*.

975 — Le Cardinal (83). 1re ép. avec *et excudit*.

976 — Le Pain distribué au pauvre (93). Superbe et 1re ép. avec *et excudit*.

977 — La Fuite en Egypte, représentée de quatre différentes manières. Suite de 4 p. (97 à 100) avec *et excudit cum privilegio*.

978 — Vénus présentant à Diane l'Amour et le jeune Adonis (103) avec *et excudit*.

979 — Paysage anonyme avec un tronc d'arbre au milieu du bas. Sup. ép. d'ap. le maître.

980 — La Famille du Satyre, la Fuite en Egypte, le Cardinal et autres. 17 p.

981 **Swidde** (W.). La reine Christine de Suède et Charles Gustave. — Couronnement de Charles Gustave. — Couronnement d'Hedwige Eléonore. 3 p. historiques.

982 **Tanche** (N.). Le Benedicité—la Lecture — l'Abreuvoir. 3 p.

983 **Tardieu**. Bataille et Triomphe de Constantin contre Maxence. 2 p. d'ap. *Lebrun*. Belles ép.

984 **Téniers** (les David). La Tentation de Saint Antoine. Superbe ép. Contre-partie de la description de Rigal (11).

985 — Vieux paysan assis causant avec deux qui sont debout (R. 23).

986 — Vieux villageois prêt à jouer de la musette (28). Très-belle ép.

987 — Paysan à mi-corps levant l'appareil qui est sur sa main droite. Très-belle eau-forte d'une grande finesse. D. T. F. à l'envers.

988 — Buste d'un jeune paysan qui tient sa pipe de la main droite et son verre de l'autre. Superbe ép.

989 — Tabagie. Fumeur assis devant une table derrière laquelle un autre fumeur qui cause au fond, un autre paysan près d'un baquet.

990 — Les deux Fumeurs près de la cheminée.

991 — Les deux Chaumières avec un homme parlant à une femme qui tient son enfant sur la porte de la première chaumière. Superbe ép. écornée en bas. — Le Moulin à vent, anonyme. 2 p.

992 **Testana**, d'ap. Carrache. Vêtir les pauvres. Très-belle ép. avant la lettre, marge.

993 **Thiele**, 1742. Paysage boisé. Très-belle eau-forte.

994 **Thiers** (baron de), amateur. Jeune femme lavant ses mains; au revers un dessin sanguine: Flore. — Paysage d'ap. Boucher. 2 p.

995 **Thomas** (Jean) d'Ypres. Le Berger et la Bergère (Rubens et sa femme). 1er état extrêmement rare avant les noms et l'adresse de *Fr. V. Wyngaerde*. Col. Richardson.

996 **Thulden** (T. van). Sainte-Famille, — l'Enfant prodigue (6), — Entrevue de Ferdinand d'Autriche, — Son entrée triomphale à Anvers, grande et belle. 7 p.

997 **Tiepolo** (Dom.). Fuite en Egypte, sup. ép. — La Vierge de douleur avec quatre épées dans le sein. 2 p.

998 — Lucrèce et pendant. 2 p. ovales en hauteur. Superbes ép.

999 — Têtes d'hommes barbus, etc. 7 p.

1000 **Tiepolo** (J.-D.). Les Saints de la famille Crotta. Très-belle ép., marge.

1001 **Tierce** (J.-B.). Paesi diversi, dédié au baron de la Tour-d'Aigues. 10 p.

1002 **Tischebein**. Deux hommes qui semblent lutter ensemble, avec retouche à la plume par le maître. — Capucin à une fenêtre. 2 p. très-belles.

1003 **Titien** (d'ap.). Danaé, avant toute lettre.

1004 **Tomba**. *Rasaspina's Zeichnungsschule*, d'ap. Giani. Très-belle ép., marge.

1005 **Toro**. Arabesque avec Chimères et Dragons. Sup. ép.

1006 **Troger**. Jésus, saint Jean et son mouton. Charmante petite eau-forte en ovale.

1007 **Trottman**. Résurrection de Lazare. Superbe ép.

1008 **Uden** (Lucas van). Les Chasseurs (B. 34). Superbe ép., marge.

1009 — Le Chariot embourbé (48).

1010 **Uffenbach** (Ph.). Jésus-Christ sortant du tombeau sous la forme d'un soleil. 1er état non décrit avant l'adresse *F. Asprük excud.*

1011 **Umbach** (J.). Sainte Famille et autres petits sujets religieux et mythologiques. 16 p.

1012 **Uytenbrouck** (Moïse). Tobie rendant la vue à son père (B. 16).

1013 — Paysage à l'âne chargé (52).

1014 **Vadder** (L. de). Le Fauconnier (B. 9). 1er état, avant les figures et l'ad. de *Wyngaerde*, extrêmement rare.

1015 **Vaillant** (W.). Le Corps de Garde des singes d'ap. *Téniers*.

1016 — Les Joueurs de trictrac, d'ap. *Téniers*.

1017 — Le Trompette remettant une lettre à une jolie dame, d'ap. *Terburg*.

1018 **Valesio** (J.-L.). Ovale contenant douze têtes d'hommes, femmes et enfants (B. 7). Superbe ép.

1019 **Velde** (Adrien van de). Suite de différents animaux (B. 1 à 10).

1020 — Le Berger et la Bergère avec leur troupeau (17).

1021 **Velde** (J. van de). Les Viveurs surpris par la mort. Superbe ép., très-rare.

1022 **Venitien** (Aug.). Vénus et l'Amour (B. 286). Avant les adresses et la retouche.

1023 — La même, avec Salamanque et *Pacificus*.

1024 — Femme debout près d'un vase (478). 1re ép. avant l'adresse de Salamanque, parfait état.

1025 — Les Vases antiques (541-552). Suite de 12 p. 1er état avant l'adresse de Salamanque.

1026 — Chapiteau, Hercule enfant, Tarquin. 3 p.

1027 **Venne** (D'ap. Adrien van de). Scène de farceurs, travestissements populaires. Belle ép.

1028 — All-arm All-arm. — Alle Baatem helpen. 2 p. par C. Bloemen. Scènes de gueux. Très-belles ép. avec l'adresse de *Pieter Smith*.

1029 — Kinder Spel. Jeux d'enfants. Jolie pièce avec texte au revers.

1030 **Verdier** (D'ap. F.). Jupiter, Hercule et autres. 6 p., par *de Poilly*.

1031 **Vermeyen** (J. C.) 1538. Jésus discutant parmi les docteurs, non décrite; extrêmement rare. Cab. R. Dumenil.

1032 **Véronèse** (D'ap. P.). Près de la statue d'Apollon, un guerrier en extase attend son martyre. Au ciel saint Pierre, la Vierge, et autres saints et saintes. Très-belle eau-forte avant toute lettre.

1033 **Verstappen** (Martin). La Fileuse gardant son troupeau. Seule pièce du maître, très-rare (1773-1840).

1034 **Vico** (Ené). Vases très-riches. Très-belles ép., 15 p., dont une non décrite et 2 en contre-partie d'Aug. Venitien.

1035 **Vignon** (Cl.). Le martyre de sainte Lucie (R. D. 23).

1036 — Miracles de Jésus-Christ (8, 9, 10, 13), les corps de saint Pierre et saint Paul (10), Massacre (21), et autres d'après lui. 8 p.

1037 **Visscher** (C.). Le Départ d'Abraham. — L'Arrivée d'Abraham, 1er état, avec le Père éternel. 2 p. d'ap. *Basan*. Superbes ép.

1038 — Saint Martin, d'ap. *Soutman*. Très-belle ép.

1039 — Jugement dernier, d'ap. *Rubens*. Superbe ép., 1er état avant l'adresse de *Soutman*.

1040 **Vittinghoff** (C. Baron de). Animaux et bestiaux. 2 p. à l'eau-forte. Très-belles ép.

1041 **Vlieger** (Simon de). Les deux Levriers (B. 12). Très-belle ép.

1042 — Le Cheval au pâturage (13). Très-belle ép.

1043 — Les Pourceaux gras (16). — Les Dindes (18). 2 p.

1044 **Vliet** (Van). Buste d'officier, d'ap. *Rembrandt*. (B. 26). Très-belle ép. — Titre des Gueux. 2 p.

1045 **Vogel**. Diane et Endymion. Pièce rare.

1046 **Vorsterman**. Chute des anges, d'ap. Rubens; sainte Hélène, d'ap. *Véronèse*. 2 p.

1047 **Vouet** (Simon). La Sainte Famille (R. D. 1).

1048 — David. Pièce rare, 1er état, avant le nom de Vouet sous l'estampe à gauche.

1049 — (D'après). Vierge et Jésus dans un rond équarri. Avant toute lettre.

1050 **Vuibert** (Remy). Présentation au temple (R. D. 1). Superbe ép.

1051 **We**. Graveur inconnu. B. VIII, 18, 1. L'Enseigne d'ap. Lucas de Leyde, rare.

1052 — Le Seigneur et le Hallebardier. Pièce non décrite, par Bartsch.

1053 **Wael** (de). L'Enfant prodigue dissipant son bien. — Arrivant chez son père. 2 p.

1054 **Wagner**, etc. Sujets divers. 28 p.

1055 **Waterlo** (A.). Le Rocher percé (B. 3). Belle ép. avant le numéro. Encre bistre.

1056 — Les planches attachées aux quatre arbres (21).

1057 — Les deux voyageurs dans le bois (33). Très-belle ép. sur papier à la folie.

1058 — L'Anier (48). Belle ép. avant la disparition du ciel encre bistre.

1059 — Le même, même état, encre noire.

1060 — La Chapelle avec l'escalier (51). Très-belle ép. sur papier à la folie, tachée d'huile.

1061 — Le Pont de planches (52). Ep. avant les retouches.

1062 — Le Voyageur près du bois (53). Le bois dans la rivière (57). 2 p.

1063 — L'Homme et la Femme près du petit pont (59). Ancienne et belle ép.

1064 — Le Voyageur et son chien (60). Les deux Cavaliers (63). 2 p.

1065 — Les deux Garçons et le chien aboyant (64). Ancienne ép. avant les retouches.

1066 — Le même, avec la retouche très-belle.

1067 — Le Chemin près du grand chêne (66). Très-belle ép., papier à la folie.

1068 — Le Pays désert couvert de rochers (74). Superbe ép., papier à la folie.

1069 — Le Moulin à eau près d'une montagne (94).

1070 — Alphée et Aréthuse (125). Superbe ép. sur papier à la folie.

1071 — Apollon et Daphné (126). Superbe ép.

1072 — 3, 4, 5, 6, 7, 15, 16, 18, etc. 9 p.

1073 — Paysages B. 25, 31. Belles ép. 2 p.

1074 **Waxschlunger** (G.). Chien de chasse gardant gibiers et grosse bête. 4 p. Magnifiques ép.

1075 **Weert** (J. de). L'Orgueil, l'Envie, l'Avarice, la Gourmandise. 4 p., d'ap. *Ricaert*.

1076 **Weirotter**. Clair de lune, 1er état, avec le nom tracé à la pointe. Superbe ép., marge.

1077 **Wenceslas d'Olmutz**. Le martyre de saint André (B. 23). Rare.

1077 bis **Werboeckhoven**. Chantier de vaisseaux. — La Bergère, d'ap. Omeganck, 2 p. rares.

1078 **Wierix** (H.). Femme qui tanse sans raison. — Je porte deuil voyant le monde, etc. 4 proverbes. Sujets ronds.

1079 — Présentation de la jeune Vierge au temple. Petite pièce. Très-belle épreuve.

1080 — Vierge et Jésus couronnés par deux anges. Très-belle ép.

1081 — La Mort montant sur la concupiscence de la chair, des yeux et l'orgueil. Magnifique ép.

1082 — Te Deum laudamus. — Ecce agnus Dei. 2 p. dans des entourages. Grandes marges.

1083 **Willemsens**. Tentation de saint Antoine, d'ap. Téniers. Superbe ép. Seule pièce du maître.

1084 **Witt** (J. de). Vierge et Jésus. — La Vanité des choses humaines. — Les Saisons. 3 p., très-jolies eaux-fortes.

1085 **Woeiriot** (P.). Diego de Cobos. Très-petit portrait dans un rond orné (R. D. 280). Très-belle ép.

1086 **Wyck** (Thomas). La Tour ronde (B. 7). Belle ép.

1087 — La Colonnade (8). Très-belle ép.

1088 — Le Marchand oriental (15). Belle ép.

1089 — Le Pont (19). Très-belle ép.

1090 **Wyngaerde** (F. Vanden) *excudit*. Jolie Femme qui s'habille, d'ap. *Titien*. Magnifique ép.

1091 **Zaal**. Chasse au sanglier, d'ap. Snyders. Grande et belle p.

1092 **Zanetti** XII. Teste et figvre dissegnate et intagliate all'aqua forte. 13 p. superbes.

1093 **Zauffaly** (I.). Mort de Cléopâtre. — Prise de Samson. 2 p. *inv. et fecit*. 2 p.

1094 **Zeeman** (Renier). Vues de Paris (B. 57, 3. — Saint Marceau, 58, 4. — 60, 6. — La rivière de Cyne. 61, 7.) — 4 p. Belles ép.

1095 — Marines et Vues de Paris. 4 p.

1096 **Ziarnko** (Polonais). Sujets bibliques. 7 p. dont 1 par Faulte.

1097 **Monogrammistes**. Diverses écoles. 20 p.

1098 **Ecole française**. Eaux-fortes. 25 p.

1099 — Paysages, eaux-fortes. 26 p.

1100 **Eaux-fortes** d'amateurs anciens et modernes. 20 p.

1101 — D'Artistes modernes. 22 p.

1102 **Ecole germanique**. Sujets divers. 40 p.

1103 — Paysages, eaux-fortes. 40 p.

1104 — Moderne. 20 p.

1105 **Ecole italienne**. Sujets divers. 40 p.

1106 **Ecoles diverses**. Allégories. 13 p.

1107 — Sujets d'enfants. 14 p.

1108 — Sujets sur la mort, très-curieux. 20 p.

1109 — Sujets de Vierges, sainte Famille. 25 p.

1110 — Saints et Saintes. 20 p.

1111 — Sujets religieux. 25 p.
1112 — Théologie païenne. 20 p.
1113 — Caricatures, sujets drôlatiques. 16 p.
1114 — Costumes, Mœurs et Usages. 26 p.
1115 — Sujets historiques, Ballons. 45 p.
1116 — Portraits anonymes. 28 p.
1117 — Paysages divers. 50 p.
1118 — Animaux, bestiaux. 25 p.
1119 **Animaux.** Boel, Collaert, et d'ap. Verboeckhoven. 38 p.
1120 **Sujets religieux.** Vierges, Saints. 50 p.
1121 **Sujets historiques** drôlatiques, etc. 30 p.
1122 **Sujets divers** et portraits. 170 p. 4 lots.
1123 Paysages, Vues diverses. 60 p.
1124 Notice de quelques copies trompeuses d'estampes anciennes, extraite et traduite d'ap. Bartsch, avec des additions par M. Ch. Le Blanc. 2 grands cuivres à 4 sujets et 5 cuivres séparés. En tout les 13 pl. de différences et quelques feuilles de cette brochure qui n'a été tirée qu'à 200 exempl. et totalement épuisée.

PORTRAITS

CÉLÉBRITÉS DIVERSES CLASSÉES PAR GRAVEURS

1125 **Anonyme.** J.-Jérôme Guntling, favori du roi Fréd. Guillaume, roi de Prusse, entouré de singes, diables, etc., curieux.

1126 — Anne d'Autriche et ses deux enfants en pied. In-fol. en travers.

1127 **Aubry-le-Comte.** Girodet d'ap. lui-même. In-fol. Sup. ép.

1128 **Audran** (B.). Louis XIV. Très-petit médaillon soutenu par une femme, d'ap. *Coypel.* Très-rare.

1129 — Charles Ier, roi d'Angleterre. — P. Rainaud de l'Oratoire. 2 p. in-4.

1130 **Audran** (Benoît). J.-B. Poquelin de Molière, in-8, d'ap. *Mignard.* Magnifique ép. d'un des plus beaux portraits du personnage.

1131 **Audran** (K.) Le Chancelier Seguier. In-4, d'ap. *Chauveau.* Très-belle ép.

1132 **Audran** (J.). Magister F. Robert Secousse, docteur théol., d'ap. *Rigaud.* In-fol.

1133 **Balechou.** J.-L. Petit, chirurgien. In-8, d'ap. *Vigé.* Sup. ép.

1134 — G.-C.-H. Frison. In-fol. avant toute lettre, le côté droit en bas enlevé.

1135 — Ecclésiastique à mi-corps (Rohan ?). ép. in-fol. avant toute lettre.

1136 **Balzer.** Rukieza. In-8, avant toute lettre.

1137 **Bartolozzi** Sig. Casentini, rôle de la belle Pêcheuse. In-8. Sup. ép.

1138 **Baudet** (Et.). Allégorie en l'honneur de Clément IX. 1er état, avant la lettre dans la banderole et les noms des artistes.

1139 **Bazin** (N.). M. Helyot, conseiller. In-4. Superbe ép.

1140 **Beauvarlet.** Clairon, rôle de Médée, d'ap. *Vanloo.* Grand in-fol.

1141 — R. P. Sylvain Perussault, jésuite, confesseur du roi, d'ap. *Dachon.* In-fol., marge.

1142 — Le jeune duc de Bourgogne, d'ap. *Fredou.* In-8.

1143 **Beauvais.** Marquis de la Ferté à cheval, d'ap. *Parrocel.* In-fol., avant toute lettre.

1144 **Bein.** Baltard, architecte. Ovale in-4, d'ap. *Gigoux.* Sup. ép. avant la lettre sur chine, marge. In-fol. Dédicace signée.

1145 **I. B.** 1529. Lucas Gassel. Copie contre-partie.

1146 **I. B. Bensheimer.** Maurice de Saxe. In-4. Sup. ép.

1147 **Bernard.** Monseigneur (le grand Dauphin). Manière noire. Petit in-fol., marge.

1148 **Bloteling.** Myn Vader Kasimyr, fils de Casimir, roi de Pologne. In-fol. Très-belle ép.

1149 **Boichinus.** Eques Cassianus aputeo. In-4. Sup. ép.

1150 **Bocksberger** (J.). Step. Brechtelli. In-4, en bois. Brulliot, I, 1129.

1151 **Bois**. Adrien VI. — Henri de France, roi de Pologne. — Christiani Pontani. — Baltasar Rittershusii. — Christophe de Wurtemberg 1564. 6 p. gravées sur bois.

1152 **Boissieu**. Son portrait, 1er état, tenant le portrait de sa femme, qui fut remplacé par un paysage. Superbe ép. du cabinet du chev. Camberlyn.

1153 **C. B. Bos** (Corneille). Philippe, roi d'Espagne, In-4, les ornements en haut sont coupés.

1154 **Bosse** (Abraham). Michel Larcher. In-8. Magnifique ép., rare.

1155 **Bouis**. F. R. Marquis du Bellay, In-4. Manière noire, rare.

1156 **Boulanger** (Jean). Charles Patin, médecin. In-8, d'ap. *Lefebure*. Magnifique ép. avant la lettre.

1157 **Boulanger**. Louis XIII en pied. — Mère Madeleine de Saint-Joseph. 2 p. in-8.

1158 **Boydell**. La comtesse de Cagliostro. Ovale grand in-8, marge. Sup. ép.

1159 **Bromley**. D'ap. Sir Th. Lawrence. Dame, son fils et son chien. Gracieuse composition imitant un dessin grand in-4.

1160 **Campion de Tersan** (l'abbé). Son Portrait, profil. In-4.

1161 — Sauveur Morand, médecin. — L. de Rohan-Guemené. — De Verri. 3 p. in-4, d'ap. *Cochin*.

1162 **Carmontelle** (D'ap. de). Mesdames de Hérault et de Sechelles. Superbe ép.

1163 **Cars**. P. d'Hozier, généalogiste du roi. Rare et sup. ép. avant toute lettre. In-fol.

1164 **Cathelin**. Jean Paris de Montmartel, d'ap. *de Latour*, en pied, dans un intérieur, avec meubles historiques. In-fol.

1165 — Mme de Graffigny. In-8. — P. N. Le Cauchois. In-8. Très-belle ép.

1166 **Chalons**. Son portrait à l'eau-forte. In-4.

1167 **Chenay** (P.). Marie de Médicis. Fac-simile d'ap. *Rubens*. Le dessin est au Louvre.

1168 **Chenu**. Mme Favart. Charmant portrait in-8, d'ap. *Garand*, avant la lettre.

1169 **Chevillet**. L. P. d'Orléans, duc de Chartres. Petit in-fol. Très-belle ép., marge.

1170 **Clémens**. Anonyme. In-fol., d'ap. *Roslin*, *Paris*, 1775. Armoiries chien passant, entourées d'ordres.

1171 **Cochin**. Titre pour l'institution des invalides. — La Lorraine réunie à la France, d'ap. de *Lobel*. 2 p.

1172 **Cochin** (par et d'ap.). E. Bouchardon, Boucher, Caylus, Chardin 2 différents, Cochin fils, 2 différents et avant la lettre. Les Couston, Descamps, de Troy fils avant et avec la lettre, Duchange, Dumont. Hallé, Jeaurat, Lebas, Lemoine, Lépicié, Leroux, Massé, Parrocel, Peronneau, Pierre, Pigale, Roslin, Saly, les Slodtz, Soufflot, Carle Vanloo, etc. 36 p. in-4. Très-belles ép., plusieurs avant la lettre.

1173 — Bruté, La Chalotais, Chauvelin, Clairaut, Clicot de Clerval, Coqueley, Duclos, Feray, Freron, 2 différents, Gosseaume, Grimaldi, Guerillot, Henault, Jacquier, Jombert, de Valierre, Le Mesle, Lempereur, Leseur, Louis XV, Marigny, Miromenil, Montholon, Parcieux, 3 différents, les Prault, Raynal, Renou, Strogonoff, Thomas, Trudaine, etc. 42 p. Très-belles ép.

1174 — Médecins, Cam. Falconet. — G.-M Guerin chirurgien. — Cl. Leger Sorbet, chirurgien, 3 p. in-4. Très-belles ép.

1175 — Musiciens, Jeliote. — Moline, Mondonville, Philidor. 4 p. Très-belles ép.

1176 — Anonymes, et par divers dans le même genre, Greuze, Haller, Marmontel, J. Vernet. 18 p. in-4. Eau-forte, etc.

1177 **Commeau**. Peintre et graveur 1688. Madeleine Gautron, prieure de la Fidélité de Saumur. Sup. ép.

1178 **Cranack** (D'ap.). Fabien d'Averswald, maître lutteur. In-4. Gravé sur cuivre, B. 145, dit sur bois.

1179 **Daret**. Tristan l'Hermite. — Longueville. — Louis XIII. 3 port.

1180 **Daudet**. Newton. In-4.

1181 **Daullé**. Baron, acteur. In-fol., d'ap. *de Troy*.

1182 — Mariette. Superbe ép. in-fol. avant toute lettre.

1183 — Louis, duc d'Orléans. In-8, d'ap. *Coypel*.

1184 — Mlle Pélissier. In-fol. Superbe ép., avec adresse chez *Drouais*.

1185 — La même avec adresse chez *Basan*. Très-belle ép., grande marge.

1186 — Charles Stuart le Prétendant et son frère. 2 p. in-fol., avant la lettre.

1187 — Charles Coffin d'ap. *Fontaine*. In-fol.

1188 — Marie-Thérèse, reine de Hongrie. In-4. Superbe ép.

1189 **Daullé.** Louis XV, jeune, d'ap. *Rigaud*. Petit in-fol. Belle ép., marge.

1190 **David** (C.). P. Boyteux, très-petit. — A. Lhoste Lieut au baillage de Montargis. In-4. 2 p.

1191 **Delaunay.** Sébastien Leclerc fils. In-fol. Sup. ép. avant toute lettre, marge.

1192 **Delff.** Lubbert Gerritsz. — Hans de Ries. 2 p. in-4. Sup. ép.

1193 **Delvaux.** Mme du Châtelet. In-8, marge.

1194 **De Marcenay.** Bayard. Magnifique ép. in-8, avant toute lettre.

1195 — Le comte de Berghe. In-4. Magnifique ép. avant toute lettre.

1196 — Jeanne-d'Arc. In-8. Magnifique ép. avant toute lettre.

1197 — Maréchal de Villars. In-8. Magnifique ép. avant toute lettre.

1198 — Le Goux de Gerlans, In-4.

1199 **Desrochers.** Louis XV, enfant. In-8, rare.

1200 — Arnauld. — Bayle. — Le Camus. — Du Plessis-Mornay. 4 p. in-8. Belles ép.

1201 **Deveria.** Boileau. Eau-forte sur chine in-8 d'une grande rareté.

1202 — Bossuet, l'entourage à l'eau-forte, la place du portrait découpé et le portrait croquis à la mine de plomb. Très-rare.

1203 — Bessems et autres. 3 portraits lithog.

1204 **Dien**. Baron de Bezenval. In-8, en pied, d'ap. *Danloux*.

1205 — M. Gatteaux, d'ap. *Ingres*, en 1834.

1206 — Sigalon. In-fol. d'ap. *Boucoiran*.

1207 — Homme en pied dans la campagne tenant son chapeau et sa canne de la main droite. In-fol. Dédicace signée *Dumont*, Duval le Camus pinxit.

1208 **Decs** (Ant. vander). Ferdinand d'Autriche à cheval; au bas, une planche de texte ajoutée.

1209 **Drevet**. Samuel Bernard, en pied. Superbe ép. avant conseiller d'État, grand in-fol.

1210 — Le même avec conseiller d'État.

1211 — Léonard Delamet, docteur théol. In-fol.

1212 — Hélène Lambert, dame de Motteville, d'après *Largillière*. In-fol.

1213 — Robert de Cotte, architecte. In-fol. Sup. ép. d'ap. *Rigaud*.

1214 — Élisabeth-Charlotte, princesse Palatine, duchesse d'Orléans. In-8 en travers. 1er état avant le texte au verso. Superbe ép.

1215 **Duplessis Bertaux**. Acte de bienfaisance aux Champs-Élysées, par Éleviou, Martin, etc. à l'eau-forte pure. Grand in-8.

1216 **Dupont** (Henriquel). Madame de Mirbel, avant la lettre, avec la lettre. — C. Vernet. 3 p.

1217 — Hussein, pacha. In-fol.

1218 — Lebrun, consul. In-4 chine.

1219 — Portraits d'hommes anonymes. 2 p.

1220 — Marquis de Pastoret, d'ap. *Delaroche*. In-fol. sur chine, toute marge.

1221 **Durer** (Albert). Érasme (B. 107).

1222 **Dyck**. Judocus de Monper. — Jean Snellinx. 2 p. Belle ép.

1223 **Dyck** (van). J. Suttermans. — Guil. de Vos. Terminé par *Bolswert*, avec G. H. 2 p.

1224 — Justus Suttermans. Eau-forte. Très-belle ép. ancienne.

1225 — Honoré d'Urfé, par P. de Baillue. Superbe ép. de 1er état.

1226 — Juste-Lipse, par S. à Bolswert. Superbe ép., papier à la folie.

1227 — Martin Pepin, peintre. Très-belle ép. — Sébastien Vrancx. Belle ép. ancienne.

1228 — Séb. Vrancx avec Martin vanden Enden. — A. d'Aremberg. — Marguerite de Lorraine, duchesse d'Orléans. 3 p.

1229 — Ch. vander Lamen. — Théodore Rogiers, 2 p., par *Clouet*. Très-belles ép.

1230 — Engelbert Taié, 1er état, par *C. Galle*.

1231 — Par *P. de Jode*. Quintin Simons, peintre. Très-belle ép. 1er état avec une seule ligne, extrêmement rare. Cab. Camberlyn (904).

1232 — Par *Lauwers*. Lelio Blancatcio. Très-belle ép. 2e état, avec *G. H.*, rare.

1233 — Par *Lombart*. 4 Comtesses.

1234 — Par *Pontius*. Ch. Columna. Très-belle ép. avec *Mart. van den Enden*. — Le même, l'adresse effacée. 2 p.

1235 — François Franck junior. Superbe ép. avec le nom de *P. de Jode*, qui fut remplacé par celui de *Hondius*, et avec *Martin van den Enden*.

1236 — Quintin Simons. Très-belle ép. ancienne.

1237 — Jean Snellinex. Superbe ép. avec *G. H.* sur papier à la folie, rare.

1238 — Lelio Blancatcio. Belle ép., papier à la folie, par *Lauwers*.

1239 — Ernestine, princesse de Ligne, par *Natalis*. Superbe ép. 1er état. *Jean Meyssens*.

1240 — Henri van Baelen, par *P. Pontius*. Belle ép. ancienne.

1241 — Jacob de Breuck. Très-belle ép. avec *G. H.* sur papier à la folie.

1242 — Corneille van der Geest. Très-belle et ancienne ép.

1243 — Casperius Gevartius. Belle ép. avec *G. H.*

1244 — Jean, comte de Nassau. Superbe ép. avec *M. van den Enden*.

1245 — Le même, l'adresse effacée, sur papier à la folie.

1246 — Th. Rombouts. Très-belle ép. avec *G. H.* sur papier à la folie.

1247 — Théodore Vanlonius. Très-belle ép. ancienne.

1248 — Th. Galle. Superbe ép. avec *G. H.* sur papier à la folie, rare.

1249 — Jean van Milder. Très-belle ép. avec *G. H.*

1250 — Judocus de Momper. Belle ép., papier à la folie.

1251 — F. de Moncade. Très-belle ép. — Ambroise Spinola. Belle ép. ancienne. — Pierre Stevens. Belle ép., papier à la folie.

1252 — Alvar Bazan. — P. Pontius. — Adrien Stalbent. 3 p.

1253 — P. Paul Rubens. Très-belle ép. sur papier à la folie.

1254 — Par R. van Voerst, Mansfeld, Pembroke, etc. 3 p.

1255 — Par *Vorsterman*. Wenceslas Coeberger, peintre, etc. Très-belle ép. 1er état, avant le nom du graveur et avec *Mart. van den Enden*. Cab. Camberlyn (979).

1256 — Corneille de Vos, peintre, avec *G. H.*

1257 — Callot. — Sachtleven. — Wolfgang. 3 p.

1258 — Corneille de Vos. Sup. ép. 1er état avant le nom du graveur. Très-rare.

1259 — Claire de Croy. Sup. ép. par *Waumans*. 1er état, avec *Jean Meysens*.

1260 — Henri de Nassau. 1er état. Belle ép.

1261 — Antoine de Zuniga. 1er état. Belle ép.

1262 — Emelie de Solms. 1er état. Très-rare.

1263 — Fréd.-Henri, prince d'Orange. 1er état.

1264 — Comte d'Arundel. In-fol., par *Lombard*. Très-belle ép.

1265 — Par divers : Franck, Malder, Poelemburg et autres. 6 p.

1266 — (D'ap.). Béatrix de Cusance de Cantecroix. — Ferdinand III. 2 p. avec *J. Meyssens*. — P. Halmalius. 3 p.

1267 Edelinck (G.). Ph. de Champagne (R. D. 164). 1er état. Sup. ép., marge.

1268 — Desjardins, sculpteur (R. D. 182). Sup. ép. avant l'adresse de *Drevet*.

1269 — Le même. Belle ép. avec l'adresse.
1270 — Ph. Évrard (198). Superbe ép. avant toute lettre.
1271 — Ferdinand de Paderborn (203).
1272 — Évariste Gherardi. Sup. ép. avant Frontispice, etc.
1273 — Louis XIV. In-8. Sup. ép. avec l'adresse d'Odieuvre.
1274 — J. Rouillé, comte de Meslay (273). In-fol.
1275 — Blaise Pascal (290). Petit in-fol.
1276 — Raymond Poisson, comédien (209). In-fol. Marge.
1277 — Eustache Teissier (325). 1er état. Superbe ép. in-fol.
1278 **Elluin**. F. René Molé, rôle de Beverlei. In-fol., d'ap. *Le Clerc*.
1279 **Faber** (P.) de Lyon. Louis-le-Juste. In-4. Très-belle ép., très-rare.
1280 **Faithorne** (W.). Buste de Lucien, magnifique ép. in-4.
1281 — J. Pordage, médecin. In-4. Superbe ép.
1282 — Christophe Simpson. In-4. Magnifique ép.
1283 **Falck**. Rupert Douglas, général suédois. Magnifique ép. petit in-fol.
1284 **Fessard**. Marie Stuart. In-8 d'ap. Zucchero.
1285 — Marie-Thérèse. Médaillon entouré de figures allégoriques. Petit-infol.
1286 **Ficquet**. Fénelon. In-8. Superbe ép.
1287 — Molière. In-8. Superbe ép.
1288 — Regnard. In-8. Superbe ép., marge.
1289 — Rubens. In-8 en travers. Sup. ép., marge.

1290 — Crébillon. — Descartes. — Lamotte-le-Vayer. — J.-B. Rousseau. — Voltaire. — Boileau, par *Savart*. 6 p. Belles ép.

1291 **Flipart**. Dumont le Romain, peintre, d'ap. *de la Tour*. Très-belle ép. in-fol. avant toute lettre, marge.

1292 **François**. Alphonse Clarke, comte de Feltre. In-4, d'ap. *Delaroche*. Sup. ép. sur chine.

1293 **Fritzch**. Pierre His, négociant à Hambourg, agent du roi de Danemarck. In-fol.

1294 **Fruytiers**. Godefroy Wendelini. Très-belle ép. du cabinet du chev. Camberlyn.

1295 **Gaillard**. Louise Ulrique de Prusse. In-fol. en aurore. Sup. ép., marge.

1296 **Galle** (C.). Duc d'Olivares, d'ap. *Rubens*. Grand in-4. Superbe ép.

1297 **Gandolfi**. Pétrarque. In-4 avant toute lettre.

1298 **Gaucher**. P. Corneille. — Lenormand du Coudray, la Tablette-Blanche. — Saint-Marc. — J. Racine. — Vergenne. 5 p. In 8. Très-belles ép.

1299 **Gautier** (Léonard). Petrus Ærodius quæsitor Andegavvs. Petit in-fol.

1300 — Guido Favrvs siue Faber. In-8. Belle ép.

1301 — Margverite de Valois, royne de Navarre. Belle ép. in-8.

1302 — La Famille d'Henri IV. Composition de neuf personnages. Belle pièce attribuée.

1303 **Girard**. Lamartine, d'ap. le baron *Gérard*, à mi-corps. Superbe ép. in-fol., manière noire avant la lettre.

1304 **Goltzius** (H.). Frédéric II, roi de Danemarck et Norvège, in-4.

1305 **Granthomme** ex. Guy du Faur de Pybrac, poète. Très-belle ép.

1306 — Catherine de Médicis. In-8, très-belle ép.

1307 **Green** (V.). David Garrick en pied. — Garrick et M. Pritchard dans la tragédie de *Macbeth*.
Ces 2 p. in-fol. manière noire, marge.

1308 **Grignon**. François de Vendôme, duc de Beaufort, d'après Mignard. Très-belle ép. in-fol. en travers, cab. Camberlin (1307).

1309 **Guelard** *pinx. et sculp.* A. René Le Sage, in-8. Superbe ép., marge.

1310 **Guttenbrunn**, 1792. Dame assise avec coiffure à plume, grand in-8.

1311 **Hainzelman**. Louis XIV en Romain assis, tenant une église de la main droite et le monde de la gauche. Superbe ép. in-4.

1312 — Michel Molinos, chef des Quiétistes. Petit in-fol., très-belle ép.

1313 **Heim**. Louis XVIII consultant saint Louis, etc., assis en pied, eau-forte originale, in-4. Rare, belle, marge.

1314 — Edme Regnier, de l'Académie des sciences. Lithog. in-4.

1315 **Helman**. Madame de France, très-petit portrait entouré des génies des Arts, frontispice des costumes chinois, in-4, magnifique ép.

1316 **Herreman** (G.) Vitus Wolfrum Hilperh, théologien, in-4.

1317 **Hollar**. Jean Malder, évêque d'Anvers, d'ap. Van Dyck. Magnifique ép. 1er état, avec *Jean Meysens*, grande marge.

1318 — Della Casa, 1523. In-4.

1319 — J. de Reed, grand in-8. Superbe ép., marge.

1320 **Holsteyn**. J. van der Burch, in-4. Très-belle ép.

1321 **Houbraken**. J. van der Poll, avant toute lettre. — Jacoba van Selstede. — Romain de Hooge, avant la lettre. 3 p. très-belles.

1322 **Houve** (Paul de la) ex. Loise de Bvdos, famme de M. le conestable, in-8, marge.

1323 **Houve** (P. de la) ex. Henri de Lorraine, marquis du Pont, in-8. Magnifique ép.

1324 — Henri, duc de Montpensier, in-8. Très-belle.

1325 **Huret**. Ch. de Condren en pied, avec la vision de Dieu le Père, in-4. Très-belle ép.

1326 **Ingres**. Ecclésiastique dignitaire, eau-forte faite à Rome, 1816. *Exquise politesse*, etc. Extrêmement rare.

1327 — M. le duc Decaze ? de face assis, ayant un petit griffon sur ses genoux, lithog. par Muret. Sup. ép., rare.

1328 **Ingres** (d'ap.). Homme en pied tenant un chapeau à trois cornes et un album, *Roma* 1809, gravé par *Boucheron*, in-fol. Très-rare.

1329 — Madame..., coiffée en cheveux, in-fol., par *Calamatta*, 1821. Magnifique ép. sur chine, très-rare, toute marge.

1330 — Homme assis de face, tenant son chapeau, Lithog. par *Atalla Varcollier*, 1825.

1331 — Laurenzo Bartholini, sculpteur, par *Potrelle.*

1332 — Bartolini, par *Fournier*, 1836. Sup. ép. chine.

1333 **Irala Yuso.** Madrid, 1746. Joseph de Saint-Benoît, religieux, in-4. Très-rare.

1334 **Isabey.** Deux femmes en buste entourées de gaze, lithog. in-4, 2 p.

1335 **Isac** (Jaspar). Christophe, prince de Portugal, d'ap. *Dumoustier*, 1632. Sup. ép., grand in-8.

1336 — Henri, duc de Montmorency et Dampville, in-8. Superbe ép., très-rare.

1337 **Jode** (P. de). Jean d'Autriche, fils de Charles-Quint. Magnifique ép. in-4.

1338 — Thomas Ricciardi, professeur de philosophie, in-4. Sup. ép., marge.

1339 — P. Lely, peintre, in-fol., d'ap. lui-même. Très-belle ép. du cabinet du chev. Camberlyn.

1340 **Johannot** (Tony). Méry, poète, charmant petit portrait à l'eau-forte.

1341 **Kohl** (A.). Georges Ruever, in-4. Très-rare ép. non terminée, les textes sont à la plume.

1342 **Karger** (David). Hieronymi Tragi.—Albrecht von Eybe, par autre. 2 p. en bois.

1343 **La Bella** (de). Etant jeune, dessinant un grand vase antique. Très-belle ép.

1344 **Larmessin.** Monseigneur le duc d'Anjou, enfant emmailloté, in-4.

1345 — Duguay-Trouin, grand in-8. Superbe ép.

1346 **Lasne** (Michel). Cardinal de Berulle, in-8, 1er état avant toute lettre, très-rare.

1347 — Pierre Corneille, in-8, belle ép.

1348 — M. Ferrand, conseiller, in-4.

1349 — Lumagne, banquier, amateur, in-4.
1350 — Niceron, belle et rare ép., le livre blanc.
1351 — P. Philonardus, cardinal, in-4.
1352 — Nicolas Richelet, in-4. Très-belle ép.
1353 — Corneille, ép. coupée, Mesmes, R. Moreau, etc. 4 p.
1354 **Laugier.** Mme Scarron, d'ap. Mme *Jacquotot*, en rond, in-8. Magnifique ép. avant la lettre, grande marge.
1355 **Le Febure** (Al.). Alexandre Boudan, imprimeur, superbe ép. R. D. 2, cab. Camberlyn (1686).
1356 **Le Mire.** Louis XVI, in-4, d'ap. *Duplessis*, marge.
1357 **Lempereur.** P. F. Coppette, d'ap. *Meon*. Sup. ép. in-4.
1358 **Lépicié.** Charlotte Desmares, comédienne, in-fol.
1359 **Leroux.** Gilbert, in-8. Sup. ép. sur chine avant la lettre, marge, in-4.
1360 — Karasmin, in-4, avant toute lettre.
1361 **Leu** (Thomas de). Hanry de Lorrayne, duc de Bar et marqvis dv Pontx, in-4. Superbe ép.
1362 — Henri de Bourbon Condé en pied, âgé de 8 ans, 1596. — Le même en buste, âgé de 9 ans. 1597. 2 p.
1363 — Henriette de Balzac, in-8, belle ép., marge.
1364 — Jeanne de Cocesme, princesse de Conty, in-8, belle ép., marge.
1365 — Gabrielle d'Estrées, marquise de Monceaux, in-8, marge.

1366 — François de Valois, dauphin, in-8.
1367 — Louise de Lorraine, in-8, marge.
1368 — Marie Stuart, in-8, très-belle ép., marge.
1369 — Henri IV. Lauré, buste sur piédouche, in-4.
1370 — Marie de Médicis, in-4. Superbe ép., marge.
1371 — Catherine de Médicis, in-8. Très-belle ép., marge.
1372 — Antoine de Murat, superbe ép. avec *Mariette*, 1694, in-8.
1373 — Elisabeth d'Autriche.—Ch. de Bourbon-Soissons.—Elisabeth d'Angleterre. — Blaise de Vigenère, etc. 5 p.
1374 — Charles de Lorraine,—la Princesse, — Louis, cardinal de Guise, — cardinal de Vendôme, etc. 5 p.
1375 **Lignon**. Léon X, d'ap. Raphael. Magnifique ép. avant toute lettre.
1376 — Louis Philippe, duc d'Orléans, avant la lettre, les noms et les armes à la pointe.
1377 **Lingée** (Mme). Bréval, Chenard, Cottereau, Duport, Gaurier, Moline, Sejan, in-8 en rond, Ant. Petit, médecin, in-4. 8 p. d'ap. Cochin, belles ép.
1378 **Lorichon**. M. d'Ambray, chancelier. — Louis Philippe à l'eau-forte, par Muller. 2 portraits en pied, in-fol.
1379 **Lubin** (J.). F. de Malherbe, in-4. Sup. ép.
1380 **Madrazo**. Roma 1810, Isabella Colbran (fut madame Rossini), in-8 en bistre. Superbe ép., marge, rare.
1381 **Mallery** (C. de). Ræmondus Burdigalæ, in-4.

1382 **Mau** (D.). Jacobus Crucius, ministre de Delphe. Eau-forte, rare, cab. R. Dumesnil.

1383 **Mansfeld**. Elisabeth-Wilhelmine-Louise, princesse de Wurtemberg. Charmant portrait in-8, coiffure poudrée à plumes.

1384 **Marcuard**. F. Bartolozzi, petit in-fol. ovale en bistre, d'ap. *Reynolds*.

1385 **Massard** (Louise). Henri IV donnant des conseils à Louis XVI. Petit in-fol., très-belle ép.

1386 **Masson**. G. de Brisacier (R. D. 15).

1387 — Marin Cureau de la Chambre, médecin ord. du roi, académicien. Sup. ép., 1er état (24).

1388 — P. Dupuis, peintre de fleurs (25). Très-belle ép.

1389 — Frédéric-Guillaume de Brandebourg, in-4 (30). Sup. ép.

1390 — Marie de Lorraine, duchesse de Guise (32). Ep. avec marge.

1391 **Masson** (Ant.). Louis XIV (R. D. 45), buste plus fort que nature. Magnifique ép. avant le 1er état décrit, elle est avant 1670, à la suite du mot d'Artaignant.

1392 — Gabrielle de Roquette, évêque d'Autun (R. D. 63), in-fol.

1393 **Matham**. Michel Le Blon, agent de la reine de Suède, d'ap. *Van Dyck*. Très-belle ép., marge.

1394 **Matham**. Pers. Petit port., in-8. Sup. ép.

1395 **C. M. A. Matsis**. Ernest de Mansfeld. — Dorothée, sa femme, deux profils en regard.

1396 **Meerlen**. Jacqueline de Harlay, dame d'Halincourt, in-fol. Sup. ép.

1397 **Mellan.** J. L. Guez de Balzac, in-fol. Sup. ép.

1398 — Coeffeteau, d'ap. *Dumoustier*. — Cardinal du Perron. 2 p., petit in-fol.

1399 — H. Marie de Buade Frontenac, in-fol.

1400 — L. M. de Gonzague, reine de Pologne, in-fol.

1401 — M. de Marolles. — H. de Montmorency et d'Amville. 2 p. in-4.

1402 — Claude de Rebe, archev. de Narbonne, in-fol.

1403 — Saint Bonnet de Toiras. — Servient. 2 p. in-4.

1404 — Claude de Marolles, in-4. Belle ép.

1405 — Joseph Trullier, médecin, in-8. Magnifique ép.

1406 **Miger** de Mereaux, Periguon, Punto, Renou, Roze, 6 p., in-8 en rond.

1407 — Rigoley de Juvigny, 2 états différents.

1408 — Laurent, graveur, éditeur du Musée Français, in-4, d'ap. Trinquesse, toute marge.

1409 — Charles, aéronaute, in-4.

1410 **Mercury.** Mme de Maintenon, d'après l'émail de *Petitot*. Magnifique ép. avant toute lettre de la première planche, toute marge.

1411 **Mercury.** Christophe Colomb. Superbe ép. d'artiste, le nom de *Mercury* à la pointe avant la bordure, sur chine.

1412 **Moncornet.** Amelot, Cinq-Mars, Longueville, Phelippeau, etc. 6 p. in-8.

1413 — Célébrités militaires, ecclésiastiques, etc 54 p. quelques doubles.

1414 **Moreau** (G. P.). Le cardinal Fesch, médaillon entouré des génies des Arts, in-fol.

1415 **Moreau** (J. M.). Le baron de La Borde, d'ap. *Denon*, in-4.

1416 — Phelipeaux, duc de Lavrillière, d'ap. *Hall*, in-8. Sup. ép., toute marge, rare.

1417 — Rameau. — Voltaire en pied se promenant. 2 charmantes petites pièces avec encadrements ornés, rares.

1418 — Louis Auguste, dauphin de France, d'ap. *Hall*. Magnifique ép. in-8, toute marge, rare.

1419 **P. M.**, 1773. Le chevalier de Brons, capit. aide-major au rég. de la Ferre (infanterie). Charmant portrait entouré de fleurs, in-4, très-rare.

1420 **Morin**. Anne d'Autriche, reine régente (R. D. 41). Magnifique ép. avec belles marges, de la collection Debois.

1421 — Saint Charles Borromée (46).

1422 — Chrystin, banquier, d'Anvers (51). Superbe ép.

1423 — H. de Lorraine, comte d'Harcourt (58). Superbe ép.

1424 — Louis XI (63). Superbe ép.

1425 — Louis XIII (64). Superbe ép.

1426 — Nicolas de Neufville, marquis de Villeroy (87). Magnifique ép. avec une petite marge.

1427 — Antoine Vitré, typographe (88). Sup. ép.

1428 **Muller**. L. Galloche, peintre. Magnifique ép. in-fol. avant toute lettre.

1429 **Munyckuisen**. H. D. Spriegel, bourguemestre.

1430 **Nanteuil**. Jeannin, président (R. D. 112). Superbe ép., marge.

1431 — Charles de la Porte, duc de la Meilleraye (R. D. 118). Magnifique ép.

1432 — Michel Le Tellier (131). Sup. ép.

1433 — L. F. de Suze, évêque de Viviers (227). 1er état. Superbe ép.

1434 — Louise Marie, reine de Pologne (164).

1435 — Georges de Scudery (221). Superbe ép., 1er état, marge.

1436 **Nicolet.** L'abbé Desmonceaux, précepteur du roi. Superbe ép. in-4 avant toute lettre.

1437 **O'Connel** (Madame). Hoéné Wronski. Belle eau-forte in-4, sup. ép.—Tête d'enfant. 2 p.

1438 **Odevaere** (J.). Se ipsum, Lithographice del Parisis, 1816. In-fol.

1439 **Orléans**, duc de Montpensier. Son portrait ovale, in-4, gravé, dit-on, par lui-même. ep. chine avant toute lettre.

1440 **Pajou** (A. D.), 1822. Pajou, statuaire, et sa famille. Sept fig. lithog., in-fol.

1441 **Pas** (Crispin de). Clément VIII, pape. — Rodolphe II.— Philippe II.—Henri IV. 4 port. et titre. 5 p., superbes ép. in-8, marge.

1442 — Pascal Ciconia, doge de Venise.

1443 — Jacques d'Angleterre, France et Ecosse.

1444 — Henricus Walliæ, prince.

1445 — Anne d'Angleterre, France et Ecosse.

1446 — Elisabeth, reine d'Angleterre.

Ces 5 portraits in-8 sont superbes d'ép.

1447 — Elisabeth, reine d'Angleterre, in-4, tenant le sceptre. Superbe ép.

1448 — Anne, fille de Maximilien, femme de Philippe d'Espagne, marge.

1449 — Catherine de Bourbon, sœur d'Henri IV.
1450 — Elisabeth de Lorraine, femme de Maximilien.
1451 — La fille de Ch. de Lorraine, duchesse de Florence, marge.
1452 — Isabelle d'Autriche, femme de l'archiduc Albert, marge.
1453 — Marguerite, femme de Philippe III d'Espagne.
1454 — Sybille de Clèves.
Ces 7 portraits in-4 en rond. Superbes ép., marge.
1455 — Savant à genoux, offre un livre *Honora Medicum* à Louis XIII, assis, entouré de son frère et des grands dignitaires. Belle pièce, in-4.
1456 — Frédéric, comte Palatin. In-4, marge.
1457 — Maurice, land grave de Hesse. Grand in-4.
1458 **Pas** (Simon de). Henri IV et Marie de Médicis, profils superposés, gravés sur une planche d'argent ovale. Très-belle ép.
1459 **Pasquier** (chez). Le P. Elisée, carme prédicateur du roi, grand in-8. Sup. ép., marge.
1460 **Petit**. François Ier roi de France. —. Edme Mongin évêque de Bazas. 2 p. in-4.
1461 **Picart** (J.). Anne d'Autriche, à genoux.
— Louis XIII à cheval, in-4.
— Jacques d'Auzoles de la Peyre, in-4.
1462 — L. Chasteignier de la Rochepozay, in-4.
— Jean Chasteigner de la Rochepozay, in-4. Superbe ép.
1463 **Pitau**. Marie de Combé, in-8. — Alexandre Petau, in-fol. 2 p.
1464 **Pitteri** (Marcus), graveur. Son portrait, in-fol.

1465 **Poilly** (F. de). Pape Alexandre, en tête de page — abbé de Saint-Leger?... *Os ex quo Themidis*, etc, petit in-fol. Sup. ép. — Saint-François de Paul, titre de sa vie, in-4, marge. 3 p.

1466 **Pollet**. Le prince Anatole Demidoff en costume espagnol, assis, d'ap. *Raffet*, in-4. Superbe ép. avant la lettre chine, toute marge. Très-rare, n'étant pas publié.

1467 **Pontius** (P.). Ferdinand cardinal infant d'Espagne à cheval, d'ap. *Rubens*, in-fol. Sup. ép.

1468 — Henri comte de Nassau, d'ap. *Meyssens*, in-4. Sup ép.

1469 — J. Roeland, in-fol. Magnifique ép.

1470 **Pouget**. Milady countesse of Bury. Jolie eau-forte, in-4. Sup. ép.

1471 **Prenner** (A.-J.). S. Pepin, 1, duc de Brabant, S. Bègue, in-4, d'ap. *Rubens*. Belle ép., c'est la meilleure planche du maître.

1472 **Prevost**. Joseph II. Eau-forte pure avec fig. de sauvage, croquis. — Poisson de Marigny avec figures allégoriques pour le catalogue. 2 p.

1473 **Quenedey**. J.-J. Rousseau, petit médaillon. Sup. ép., rare.

1474 **Raffet**. Potier, rôle de Pinson. Sup. ép. Lithog.

1475 **Ravenet**. Rollin à mi-corps, d'ap. *Coypel*, in-4. Très-belle ép.

1476 **P.-R. Reffler**. W. von Grumpach, 1567, in-fol. en bois. Brulliot, I, 3040. B. IX, 436.

1477 **Reynolds** (S.-N.). George Dance, petit in-fol.

1478 — Andreossi, général, en pied, d'ap. *Smith*, 1803. *(First-Fifty)*, grand in-fol. Très-belle manière noire.

1479 **Romanet.** Préville, petit in-fol.

1480 **Rosaspina**, 1805. Ignatius Molina Cileusis historien, in-4. Très-belle ép.

1481 **Rouillet.** Cath. Touchelée femme Le Riche. Ep. avant les noms sur l'ovale.

1482 — Madame Chantal, in-8, d'ap. *Ferdinand*. Magnifique ép. avant la lettre.

1483 **Rousseau.** Eugénie ou la noblesse, c'est Marie-Antoinette, in-4. Sup. ép., toute marge.

1484 **Roussel.** R. père Gauffre, avec la Vierge qui lui apparaît, in-4.

1485 **Rousselet.** Richelieu cardinal, à mi-corps, pour frontispice de son histoire, in-fol.

1486 **Sadeler** (J.). Sig. Feyrabendius bibliopola Francofurti, in-4. 1587. Très-belle ép., marge.

1487 — Herdesianus, in-4, 1581. Sup. ép.

1488 **Sadeler** (Egide). Sigismond Forgach de Ghymes. — Georges Thurzo. — Anne impératrice d'Allemagne. — Melchior Klesel. — Rodolphe II, à mi-corps et en médaillon entouré de fig. allégoriques. 6 p.

1489 **Saint-Aubin** (Aug. de). Le duc d'Orléans, médaillon entouré de fig. allégoriques, titre pour son cabinet de médailles, in-4. Très-belle ép., marge.

1490 — J.-R. Perronet architecte, d'ap. *Cochin*, in-fol. Sup. ép., marge.

1491 — Duc de Bourgogne. — Buffon. — Linguet, 2 différents. — Montesquieu. — Worloch. 6 p.

1492 — Abel, Amelot, Baumé, Bitaubé, Blanchard, Caffieri, Cars, Coustou, de Brosses, Delassone, Dumont, Fenouillot, Gauzargues, Guerillot, Jeliote, Jombert, Leblanc, Leroux, Lorry, Lully, Mariette, Morand, Parcieux, Philidor, Pierre, Pigale, Piron, Pommier, Prault, Radix, Raynal, Les Roettiers, Trudaine, de Valenciennes, Walpole. 40 p. d'ap. *Cochin*. Très-belles ép., la plupart avec marges.

1493 **Salmon**, 1849. *Roma* (A.). Dame à mi-corps assise, d'ap. *Morani, 1848, Roma*, in-fol. chine, toute marge.

1494 **Sauvan**. Pétrarque et Laure, 2 états différents et 2 entêtes de pages différents. 3 p., rares.

1495 **Savart**. Dalembert, in-8 sur chine.

1496 **Schenck**, d'ap. *Lely*. Philippe d'Orléans, père de Louis XIV, à mi-corps, petit in-fol.

1497 — J. Dietzen. — Frédéric et J. Georges ducs de Saxe et autres. 7 p.

1498 **Schmidt**. L'abbé Prévost, in-8. Superbe ép. avant toute lettre, rare.

1499 **Schuppen** (van). F. de Nesmond évêque de Bayeux, in-fol. Très-belle ép.

1500 — Louvois. — Le grand dauphin. 2 p. in-fol.

1501 — *Antoinette du Ligier de la Garde dame des* **Houlieres**, *née en 1638, mariée en 1651 à Guillaume de Lafon de Boisguerin, Sr Deshoulières, morte en 1694 ; a eu une fille*. Inscription manuscrite dans la tablette blanche d'une ép. avant toute lettre et de la plus grande beauté du portrait in-8 de cette dame, de la plus grande rareté, encadrée.

1502 — Lefevre de Caumartin. — N.-J. Foucault. 2 p. petit in-fol.

1503 **Selis** (chez). L.-F. de Bourbon prince de Conty, à cheval, petit in-fol.

1504 **Sichem** (C.-V.). J.-F. le Petit, in-4. Belle ép.

1505 **Simon** (P.). Frère Fiacre religieux, in-4.

1506 **Simonneau**. Martin de Charmois, directeur de l'Académie de peinture, in-fol. d'ap. *Bourdon*. Très-belle ép. avant toute lettre. Cab. Camberlyn (1903).

1507 **Singry**. Mlle Anaïs, lithog. ovale. Sup. ép.

1508 **Smith**. Charles II. — Guillaume III. 2 p. in-fol. d'ap. *Kneller*. Très-belles ép.

1509 **Sornique**. Charles VII, empereur, in-8. Magnifique et rare ép. avant la lettre.

1510 **Stocade**. F. de Bonne de Lesdiguieres, in-4. Très-rare.

1511 **Strange** (R.). Charles Ier avec son cheval, d'ap. *Van Dyck*. Très-belle ép. in-fol., tendue sur carton.

1512 **Surugue**. Sylvia comédienne, d'ap. *de la Tour*, in-fol. Très-belle ép.

1513 **Suyderhoef**. J. Beenius théol., in-fol. Très-belle ép., d'ap. *V. Vliet*, marge.

1514 — Fr. Guillaume évêque d'Osnaburg, in-4. Sup. ép. signée *P. Mariette*, 1697, et *J.-G. Wille*, 1775.

1515 — Daniel Heinsius, grand in-4. Sup. ép.

1516 — J. Maestertius, 1er état avec l'adresse de *Lanwick*, qui fut remplacée par *Dankertz*.

1517 — P. Vinsemius. — Marcus Zwerius Boxhornius. 2 p. Très-belles ép.

1518 **Thomassin.** Frère Jean-Baptiste, solitaire inconnu, mort en Anjou en 1691, in-8. — R. P. Vincent le Hirbec, in-4. 2 p.

1519 — Th. Corneille, 1708, petit in-fol.

1520 **Thomassinus** (Ph.). Jeune prince entre deux fig. allégoriques. in-4. en travers.

1521 **Thourneyser.** Portrait d'homme sur une tapisserie à champ fleurdelisé, soutenu par des Amours tenant les emblèmes de la justice, in-fol.

1522 — Robert Gravel seig. de Marly, in-fol.

1523 **Tilliard.** J. Pernetti miles Eccles. Lugd., etc., in-4, d'ap. *Liotard.* Superbe ép.

1524 **Titien** (d'ap.). Isabelle d'Este, épouse de F. de Gonzague, marquis de Mantoue, in-fol. Très-belle ép., costume curieux.

1525 **Toschi** (P.). J.-B. Colbert, in-4. Sup. ép. avant toute lettre chine.

1526 **Tournay** (Cl.). femme Tardieu, Sainte-Jeanne de Chantal, in-8. imp. sur vélin, rare.

1527 **Valck** (G.). Maria dutchesse of Iorck, in-4. Magnifique ép., marge.

1528 **Valdor.** Thomas Morus, très-petit portrait. Sup. ép.

1529 **Velde** (I van de). *Tleeft al vanden velde* en 1621 à 53 ans, célèbre écrivain. Superbe ép.

1530 **Vernet** (Horace). Carle Vernet en pied, debout, dessine de la cavalerie qui passe, in-fol.

1531 **Vico** (Ené). Charles-Quint dans un riche encadrement d'architecture orné de figures allégoriques. Belle ép. rare.

1532 **Vignon** (d'ap.). Jeanne-d'Arc. — Marie Stuart. 2 portraits en pieds, in-fol.

1533 **Visscher** (C. de). J. Westerbaen heer van Brandwych, in-8. Très-belle ép.

1534 — Wondel. Très-belle ép. avant les adresses.

1535 **Vorsterman.** Maximilien archiduc, in-4, d'ap. *Rubens*. Sup. ép. avant la lettre, marge, les noms manuscrits.

1536 **Vorsterman.** Charles Ier, in-8, d'ap. *Van Dyck*. Non décrit par Weber, rare.

1537 — Nicolas Rockox, 1er état avant la lettre et avant les noms de Platon et de Sénèque sur les volumes, à gauche, in-fol. d'ap. *Van Dyck*.

1538 **Voyez.** Marie Ad. Cl. Xaviere de France. — B. Franklin. 2 p. in-4.

1539 **Ward.** Mrs Benwell, in-4 d'ap. *Hoppner*. En bistre; joli costume.

1540 **Watteau** (d'ap.). Antoine de la Roque, in-fol. en travers, par *Lépicié*. Très-belle ép.

1541 **Watelet** (Cl.-H.). Son portrait par lui-même.

1542 — Brunet de Neuilly.

1543 — P. F. Copette, doct. théol.

1544 — D. Dodart. — J. Sarrau.

1545 — Louis de Silvestre.

1546 — Marc-René marquis de Voyer.

1547 — C. A. de Villeneuve comte de Vence.

Ces 8 portraits, in-4, d'ap. *Cochin*. Très-belles ép.

1548 — Lady Hervey, in-4, d'ap. *Cochin*. Sup. ép.

1549 **White**, 1715. J. Baptiste Monoyer, peintre de fleurs, manière noire, in-fol. Sup. ép.

1550 — Edward de Clarendon, chancelier d'Angleterre, d'ap. *Lely*.
— Jacobo Duci Eboraci et Albaniæ, in-fol.

1551 **Wierix** (J.). D. Alvarus Nonius, Ludoi F. H. N., anno 1586, in-8.

1552 — (Genre de). Très-petit portrait d'homme, d'une grande finesse ; anonyme, rare.

1553 **Wille** (J. G.). Belidor, mathématicien. Très-belle ép. in-4. (Le Blanc, 133.)

1554 — Marguerite de Largilière, in-fol. (146).

1555 — Cl. N. Le Cat, chirurgien (137). Sup. ép., 2ᵉ des 5 états.

1556 — Saïd pacha, in-8. (170). Sup. ép., marge, d'un portrait très-rare.

1557 — Marie-Thérèse dauphine. — Phelipeaux, comte de St-Florentin. 2 p.

1558 — Tycho Hofman gentilhomme danois, 3ᵉ état avec la lettre en français. — Le même, 5ᵉ état avec la lettre en danois. 2 p.

1559 **Woeriot**. Les rois d'Austrasie. 16 p. ; il y en a 4 sans texte au verso.

1560 **Wyngaerde** (F.-V.). Portrait d'homme avec collet brodé, dirigé à gauche dans un octogone. Magnifique ép. in-4, avant la lettre.

1561 **Yves** (Th.), 1854. Portrait d'un préfet, à mi-corps. Superbe eau-forte in-4.

1562 Portraits, entêtes de pages : Bourgogne, Noailles, Vendôme, le Dauphin, etc. 11 p.

1563 Portraits, grand in-fol. : Henri IV, en pied, par David. — Raphaël, Jules Romain, grandeur naturelle.

PORTRAITS

CLASSÉS PAR NOMS DE PERSONNAGES

1564 ***Bailleux***. Femme Baillet, guérie miraculeusement. In-4. Très-belle ép,

1565 ***Bassompierre*** (François de). In-8. Sup. ép.

1566 ***Bavière***. Albert V.— Renée de Lorraine (duchesse). 2 p. in-4.

1567 ***Beltraminus*** (Nicolas). Petit in-fol. Très-belle ép.

1568 ***Georges Cadoudal***, dit Larive, dit Masson, etc., en pied, en couleur. Pièce très-satirique contre lui.

1569 ***Charron*** (Pierre). In-8, genre *L. Gaultier*.

1570 ***Choiseul*** (Ét.-Fr., duc de), par Lebeau, et imp. en couleur. 2 p. in-4.

1571 ***Croy*** (Ch.-Alex.), duc d'Havré, in-4. Sup. ép.

1572 ***Etienville*** (Bette d'). In-8, en bistre.

1573 ***Gerald*** (Mrs Fitz). In-4 sur chine.

1574 ***Gondy***. Ecclésiastique en pied, avant toute lettre.

4575 ***Gosse*** (Ant.). In-4. Joli costume.

1576 ***Harant*** (Ch.). Baron de Polzicz, in-4. Sup. ép.

1577 ***Hartung*** (Jean), 1579. Petit in-fol. à l'eau-forte.

1578 ***Jeanne d'Arc***. Statue de la princesse Marie, avant toute lettre.

1579 ***Joly*** (Benigne), prêtre. In-8, chez Bazin. Belle.

1580 ***Lepelletier Saint-Fargeau.*** Médaillon sur son tombeau, petit in-fol.

1581 — Les Dauphins de France, depuis Humbert II, jusqu'à Louis XXIII, fils de Louis XV. In-fol.

1582 ***Mary.*** Queen of Scots. Médaillon rond, in-8. Superbe ép.

1583 ***Marie-Antoinette***, tenant le Dauphin devant le buste de Louis XVI (le cœur de la nation). — Les mêmes personnages, petit rond en couleur. 2 p.

1584 ***Maria*** (dona), reine de Portugal. In-8, avant toute lettre chine.

1585 ***Monge*** (Gaspard). In-4, par *Tavernier*, avant la lettre lithog. et autre à l'eau-forte. 3 p.

1586 ***Orléans*** (Gaston d'). In-4. Belle ép.

1587 ***Orléans*** (Louis d'), ligueur, dans un cadre orné, in-4. Très-belle ép.

1588 ***Philippe III***, roi d'Espagne, sur son trône. Isabelle, infante d'Espagne, sur son trône. 2 p. rondes d'une grande finesse.

1589 ***Richelieu***, cardinal. In-8, marge.

1590 ***Rosellus*** (Ant.) 1480. Entourage orné.

1591 ***Rossini***. In-4, gravé.

1592 ***Saxe*** (Frédéric II, prince de).

1593 ***Valla***. Gravé dans le goût de *L. Gautier*.

1594 ***Portraits*** en pied dans des niches d'architecture : Sigismond, Mayenne, etc., 14 p. in-fol.

1595 — De personnages de la Révolution. 22 p.

1596 — Médecins, Chevalier, Forlenze, en couleur avant la lettre, A. Petit, Riverius, Schrockius, Vitet, 6 p.

1597 — Personnages divers, littérateurs, ecclésiastiques, femmes et autres. 135 p. Sera divisé.

1598 Image de divers hommes d'esprit sublime qui par leur art et science debvrovent vivre éternellement, etc. A Anvers, chez *Meyssens*, 1649, in-4. 100 pièces dont titre et dédicace gravés. Portraits d'artistes gravés par *Hollar* (9), *P. de Jode* et autres bons graveurs. Épreuves magnifiques avant le texte au verso.

COLLECTION DE PORTRAITS D'ARTISTES

CLASSÉS PAR GRAVEURS

1599 École des Beaux-Arts, le Louvre, Académie des Beaux-Arts, British Museum, etc. 8 p.

1600 Sujets représentant des peintres, charges sur les peintres et portraits d'artistes anonymes. 12 p.

1601 **Anonyme**. Portrait d'un peintre (de Troy). Il est de face, tient sa palette de la main gauche et son support de la droite, il regarde par la fenêtre. Très-beau portrait avant toute lettre, marge. Rare.

1602 **Amman** (J.). Hans Sachs. 1576.

1603 **Ardell** (M.). M. Pine, d'ap. *Hogarth*.

1604 **Bartsch**. De Backer. — F. Bol. — Ch. Brandt. J. Livens. — Terburch. 5 p. Superbes ép. avant la lettre.

1605 **Baugniet.** Les Artistes contemporains. 30 portraits lithog. d'ap. nature, avec Notice biographique. Volume in-fol. demi-rel.

1606 **Cecchi** (P.-B.). Portraits de peintres italiens. 12 p. in-4, carton.

1607 **Dieterlin.** Son portrait, titre de son ouvrage d'architecture, rare.

1608 **Ficquet.** J.-A. Arlaud. — A. Boonen. — J. Brandenberg. — G. Brandmuller. — Gaspard de Crayer. — B. Denner. — J. Dunz. — A. Hondius. — C. Huysmans. — F. Mieris. — D. Seghers avant les noms d'artistes. — J. Steen. — H. Steenwyck. — M. Terwessen. — J. Verkolie. — N. Verkolie. — H. Verschuring. — Ch. Bosschart Voet. — Anna Wasser. 19. Superbes ép.

1609 **Hollar.** P. van Avont. In-4 en travers. — J. van Ballen. — H. van der Borcht. — A. van Venne. Superbes ép. avant le texte au verso. 4 p.

1610 **Klauber.** I. F. Bause, graveur. In-fol

1611 **La Belle** dessinant un grand et beau vase de Médicis. Très-belle ép.

1612 **Longhi** (Alex.). Compendio delle vite de pittori veneziani istorici, etc. 24 portraits d'ap. nature et 30 f^{lles} de texte et titres gravés. Vol. in-fol., 1762, demi-rel.

PORTRAITS D'ARTISTES

ET AMATEURS DES ARTS

CLASSÉS PAR ORDRE ALPHABÉTIQUE

1613 **Algarottus** (Franciscus). In-8 par *R. Morghen*, marge.

1614 **Audran** (Benoît) avec son chat, petit portrait par son élève *Michel*, très-rare.

1615 **Abel**. Eau-forte in-4. — Amigoni. — Comte d'Arundel. — J. Apell de Nuremberg. 4 p.

1616 **Baccio Bandinelli**. In-fol. par *N. de la Casa*. Très-belle ép.

1617 **Basan**. Charmant petit portrait par *Choffart*. Superbe ép., marge.

1618 **Berain** (J.). In-fol. par *Duflos* d'ap. Vivien.

1619 **Bergeret**. Eau-forte in-4, par lui-même, avant la lettre. Superbe ép., marge, rare.

1620 **Boinard** (Jean), 1685, présentant une requeste à la justice, pièce in-4 en travers, très-rare.

1621 **Boll** (Jean). Petit in-fol. par *Goltzius*, dans un entourage orné de figures.

1622 **Bosboom** (Simon), architecte. In-4 par *P. de Jode*. Magnifique ép. avant le texte au verso.

1623 **Breemberg** (Bartolomé). Eau forte in-4.

1624 **Bonaroti** (Michel-Ange). In-4, par *J. Bonasone*. Superbe ép.

1625 — Le même, pièce ronde par un anonyme.

1626 **Basse**, marchand d'Estampes. Eau-forte par *Graff*, avant la lettre. — F.-G. Berger, graveur, à mi-corps, par *Glume*. — Van den Berghe et sa famille. Lithog. — Bernier. — C. W. Bock à Malines, 1777. — Bonito, sculpteur, par *Denon*. — Brauwer, 7 p.

1627 **Canova**, ovale in-4, profil par *R. Morghen*. Très-rare ép. dont il n'a été tiré que 50 ép., avec la prunelle de l'œil, toute marge

1628 — Profil, ovale in-4, par *Bettelini*. — Petit en rond, par *Fontana*. — In-4, d'ap. Gerard, par *Pradier*. 3 p. Très-belles, toute marge.

1629 **Carmona**. Son père et sa mère. — Cespedes, peintre et architecte.— F. Chereau. — R. Collin. — R. Cooper. — Corneille Cort. 6 p.

1630 **Chalon**. Son portrait, in 4, à l'eau-forte, rare.

1631 — Petit portrait de femme (peut-être la sienne). Rare.

1632 **Cipriani**. Profil, in-4, ovale, par *Bartolozzi*.

1633 **Coiny** (Joseph), graveur, par *H. Dupont*. Superbe ép. chine. toute marge.

1634 — Le même, lithog. sur chine.

1635 **Cosway** (Louisa-Paolina-Angelica), *ætatis* 5. Charmante enfant portant des fruits sur sa tête, sa poupée et son chien dans son tablier, en couleur. Petit in-fol. par *Cardon*. Superbe ép.

1636 **Couveley** (J. B.). Peintre et graveur de Charleville, eau forte par lui-même, in-8 avant et avec 1811. 2 p.

1637 **Defer** (N.). Géographe, in-4. Très-belle ép., marge.

1638 **Denon**. Petit portrait à l'eau-forte, genre de *Rembrandt*.

1639 — Appuyé sur une figure égyptienne, in-4.

1640 — Et Mauzaisse dessinant la portière de M. Denon. Lithog., in-4 en travers, rare, avec note. — Dame accoudée sur la chaise d'un peintre, peut-être. Denon, lithog. par lui-même.

1641 — En pied dessinant dans la campagne, in-8. Sup. ép., rare.

1642 **Dessains** (Ch. P. A.). In-8, par *Leroux*, eau-forte pure et terminé. 2 p. Sup. ép.

1643 **Dow** (Gérard). In-4 par *Schalcken*, rare et très-belle ép.

1644 **Dupaty** (Ch.). Statuaire d'ap. *Ingres*. Lithog. in-4 par *de Juinne*. Sup. ép. sur chine.

1645 **Duplessis-Bertaux**. 2 portraits différents par lui-même et in-8, de Bonneville. 3 p.

1646 **Dyck** (van). In-8, par *Wille* et *Daulle*. Magnifique ép. avant toute lettre.

1647 — Et Rubens, titre in-4, par *Preisler*.

1648 **Dalen** (C.V.). Par *de Frey*. — L. David, par *Leroux*. — Decamps, par *Masson*. — Demarne, par *Boilly*. — Diepenbecke, par *Pontius*. Superbes ép. 5 p.

1649 **Erhard** (J. C.) en pied, par *Klein*. — Van Ertvelt, par *Bolswert*, d'ap. *Van Dyck*. 2 p.

1650 **Falbe**. Eau-forte rare et très-belle.

1651 — Dessinant, in-4, par *Glume*, 1747. Sup. ép.

1652 **Favereau**. In-4, entouré d'Amours et de fruits. Très-belle ép. — Titre des métamorphoses d'Ovide. 2 p.

1653 **Fontaine**. Architecte, in-4, par *Testa.*

1654 **Forbin** (le comte de). In-4, par *M. Reinaud,* d'ap. *Ingres,* eau-forte.

1655 **Fragonard** (H.). Eau-forte, le rond seulement. Superbe ép. extrêmement rare, marge.

1656 **Galle** (Ph.) graveur. In-4, par *Goltzius* (B. 170) Rare et belle ép.

1657 **Gamelin**. Croquis à la mine de plomb, d'ap. le portrait du Musée de Carcassonne, biographie, lettres, notes et catalogues de ses eaux-fortes.

1658 **Gamelin**, fils aîné. Eau-forte par son père, rare.

1659 **Gautherot**. Profil à l'eau-forte.

1660 **Girardet**, graveur, avant la lettre sur blanc, avec la lettre chine et blanc. 3 p.

1661 **Girodet**. Petit portrait de profil par lui-même.

1662 — Et ses élèves lithog., petit in-fol. par *Colin,* rare.

1663 **Green**, graveur, in-8, avant toute lettre, rare.

1664 **Gribolari** (Gaspar), brocanteur à Padoue, en pied, par *David* Genois, in-4.

1665 **Gentileschi** (Artemise), par *David.* — Gervais-J. Golc. — Guibert sculpteur, petit portrait d'ap. Greuze. 4 p.

1666 **Habrecht** (Isaac), physicien, in-4, rare.

1667 **Hayter**, 1822, à l'eau-forte par lui-même.

1668 **Heil** (Daniel van). — Jean-Baptiste. — Leo. — 3 portraits par *Bouttats.* Sup. ép. avant le texte au verso.

1669 **Henriquel-Dupont**, graveur, in-4, par *A. Louis*, d'ap. *Delaroche*, sur chine.

1670 **Hirs-Wogel**, peintre de Nuremberg, 1548. Petit in-fol. Très-rare.

1671 **Honthorst** (Gerard). In-4. Magnifique ép. avant le texte au verso.

1672 **Hooghe** (Romain de), par *Houbraken*, in-4. Magnifique ép. avant toute lettre, marge.

1673 **Hoppenhaupt**, sculpteur et sa femme. Eau-forte, par *Glume*.

1674 **Horstink**. Eau-forte, in-4. Très-rare.

1675 **Huysum** (Jan van). Manière noire, petit in-fol. par *A. van Halen*. Rare.

1676 **Isabey** (Eugène). Lithog. par son père. Salle d'exhibition d'Isabey à Londres, colorié. 2 p.

1677 **Jacomin** et autres sociétaires des amis des arts de Lyon. Lithog. 1821. — P. de Jode. — J. Jordaens. 3 p.

1678 **Khol** (A.). par *Boner*, in-4 avant toute lettre.

1679 **Kolb** (P.). Eau-forte, in-8. Rare.

1680 **Laer** (P.) dit Bamboche. Superbe ép. avant le paysage sur le tableau, in-4.

1681 **Langendyck** (Dirck). In-4, par *Bemme*. Rare ép., la tête seule.

1682 **Lasne** (Michel). In-4, par *Habert*.

1683 **Le Blon** (Michel), petit in-fol., par *Matham*, d'ap. *Van Dyck*. Superbe ép. Très-rare, marge.

1684 **Le Clerc** (Sébastien). In-4, par *Duflos*. Superbe ép., marge.

1685 **Le Comte** (Marguerite) en pied près d'une fenêtre, in-4, par *Watelet*.

1686 — La même en buste tenant son chien, par *Watelet.*

1687 — La même en pied assise sur une terrasse. Anonyme rare.

1688 **Lenain.** Gouache, in-4.

1689 **Leoni** (Louis). In-8, par *Octave Leoni.* Sup. ép.

1690 **Lesueur** (Eustache). In-4, par *Van Schuppen.*

1691 **Lepautre.** — Lepère architecte. — Levasseur. — Lewis (W. Th.). 4 p.

1692 **Mansart** et Perrault. Eau-forte par *Henriquel Dupont*, d'ap. *Champagne.* Rare.

1693 **Mascali** (Ed.). In-4, par J. Gawemon. Superbe ép. Très-rare.

1694 **Maugis** (Cl.), amateur, par *Vorsterman.*

1695 **Meckel**, graveur. In-4. Sup. ép. avant toute lettre.

1696 **Michallon.** Eau-forte par *Coiny*, 1822. Sup. ép.

1697 **Moor** (Carel de). Petite manière noire. Très-rare.

1698 **Morghen** (Domenico Volpato), d'ap. *Angel. Kauffman*, par *R. Morghen.* In-8. Superbe ép., toute marge.

1699 **Moucheron.** Manière noire avant la lettre, In-4.

1700 **Muller** (H. Ch.). In-4, par *Leroux.*

1701 **Molebeck.** — Mavelot, in-4, par *Pitau.* — Molitor, par *Abel.* — Henri Monnier en pied par *Gavarni.* 4 p.

1702 **Noteman**, sculpteur, par *Gole*. Manière noire, petit in-fol., ovale.

1703 **Outkin** (Nicolas), graveur, lithog.

1704 **Pallière** (Léon), par *Picot*, dirigé à droite. — Le même, 1821, dirigé à gauche. 2 lithog.

1705 **Pelletier** (J. A.), d'ap. lui-même par Lingée. — Le même, eau-forte pure. 2 p.

1706 **Pluyette** (Aug. Victor), dessiné par lui-même, crayon noir.

1707 **Pond** (Arthur). Eau-forte par lui-même.

1708 **Porporati** (Mlle). Par son père. Ovale in-4.

1709 **Pawse**. — Percier architecte. — Titre de Piranesi. — Paul Pontius. — Poyet architecte. — Preisler. 6 p.

1711 **Quesnel** (F.), par *Michel Lasne*. Très-belle ép.

1712 **Richomme** (J. Th.). In-4, par *Dien*.

1713 **Rode** (H.). Eau forte, in-4.

1714 **Roupert** (Louis), de Metz, in-4 en travers.

1715 **Rubens**. In-4, par *Hollar*. Superbe ép.

1716 **Ryckaert** (David), par *Bouttats*. Sup. ép. avant le texte au verso.

1717 **Saftleven** (Herman), par lui-même. Sup. ép.

1718 **Sarto** (André del). In-4, par *Bergeret*.

1719 **Savoyen** (Ch. van), par lui-même, avant le texte au verso.

1720 **Schmidt** (G. F.), par lui-même avec l'araignée.

1721 **Schmid** (François). Eau-forte, par *Felner*. — Martin Schmidt par le même. 2 p.

1722 **Seghers** (Gerard), par *Vorsterman*. Sup. ép.

1723 **Somer** (Ivan). In-4, en manière noire.

1724 **Sommariva**, célèbre amateur, in-4 par *Garavaglia*. — Le même lithog. par *Denon*.

1725 **Spranger** et sa femme, in-fol. en travers, par *Sadeler*.

1726 **Stopius**, amateur et marchand. Belle ép.

1727 **Strange** (Robert). In-4, avant toute lettre. Très-rare.

1728 **Strozzæ**. In-4, par *M. Lasne*, d'ap. Vouet.

1729 **Sweerts** (Michel). Eau-forte. Rare.

1730 — Portrait d'homme. Eau-forte. Rare.

1731 **Schadow**. — Schnetz. — Scutellari. — Stork. — Strauch. — Stubbs. — Sulzer. 7 p.

1732 **Tersan** (Campion de), par lui-même.

1733 **Thevenin** fut conservateur du cabinet des estampes. Lithog.

1734 **Thomassin** graveur en pied, dessin aux trois crayons.

1735 **Torrentius** (J.). Sup. ép. avant les inscriptions dans les angles.

1736 **Trimolet**, 1850. Peintre lyonnais.

1737 **Troy** (J. B. F. de), d'ap. *Aved*. Sup. ép. avant toute lettre, grand in-4.

1738 **Terry** par *Faber*. — Thibaut architecte. — Tyroff graveur et marchand, par lui-même. 3 p.

1739 **Vaillant** (W.). Son portrait par lui-même.

1740 — Jeune homme appuyé sur sa main.

Ces 2 p. sont en manière noire.

1741 **Venne** (Ad. van de). Sup. ép. par *Bremden*.

1742 **Verien** (Nicolas), par *Edelinck*. Superbe ép. avant les noms d'artistes.

1743 **Vorsterman** (L.). Très-belle ép. d'ap. *Van Dyck.*

1744 **Vouet** (Simon), par *Oct. Leoni.* Sup. ép.

1745 **Vaiani** (A. Maria). — Varin (Ch. N.), avec notice. — Verbrugge. — Verkolye. — Villameva. 5 p.

1746 **Watelet** en pied, composition du bourgmestre Six, d'ap. *Rembrandt.*

1747 **Wilson** (B.). Eau-forte par lui-même.

1748 **Wolters** (Steffan). — Henrietta Wolters par *Houbraken.* 2 p.

1749 **Worlidge** (Th.). Ép. non terminée.

1750 **Wyngaerde.** Petite eau-forte par *Mattue,* de la plus grande rareté.'

1751 **Wilkie.** — Winkelman par A. Kauffman. — Vredeman Vriese, par Hondius. — Winkeles. 4 p.

1752 **Zani** (l'abbé). — Zomer (J. P. van), amateur. 2 p.

PORTRAITS

D'ARTISTES & AMATEURS

ANCIENS ET MODERNES

ARCHITECTES, GRAVEURS, PEINTRES, SCULPTEURS

Gravés et Lithographiés.

1753 **A.** Alavoine architecte, Audran, etc. **10** p. dont 5 doubles.

1754 **B.** Barozzi di Vignole, Jean Bellini, 8, Bonarroti, maison, tombeau et autres. 33 p.

1755 **C.** Canova, Chardin 2 différents, Coustou, etc. 30 p. dont 10 doubles.

1756 **D.** Louis David, Denon, Desnoyers, Dumont le Romain et autres. 62 p. dont 16 doubles.

1757 **E. F. G.** Fontaine, Gerard, Girodet, Greuze et autres. 45 p. dont 8 doubles.

1758 **H.** à **L.** Holbein, Ingres, Kauffman, Lassus, Madame Lebrun, et autres. 34 p. dont 5 doubles.

1759 **M.** Mazzoli Parmesan, Mengs, Michallon, etc. 20 p. dont 2 doubles.

1760 **N. O. P. Q.** Netscher, Odevaere, Pigale, Piranesi, Poussin, Puget, Quellinus, etc. 36 p. dont 7 doubles.

1761 **R.** Raphaël, Rembrandt, Léopold Robert et ses œuvres, Rubens, etc. 32 p. dont 7 doubles.

1762 **S.** à **Z.** Scheffer, Thibault, Carle et Horace Vernet, l'abbé Zani, etc. 50 p. dont 8 doubles.

1763 Portraits des Artistes modernes d'Anvers. Lithog. in-4. 42 p.

TOPOGRAPHIE, VUES

1764 **Topographie** A. Vues et plans d'Abbeville, Aix 3, Amiens 16, Anet, Angers, Avignon 11, etc. En tout 41 p.

1765 — B. C. D. F. Foire de Beaucaire coloriée, Besançon, Blois, Bordeaux 8, Brest, Breves, etc., 29. — Chalons, La Charité, Colmar, etc., 9. — Port de Dielette, Dijon 2, etc., 7. — Fréjus. En tout 46 p.

1766 — G. L. Gravelines, Grenoble 14, Grey, Honfleur, etc., 17. — Limoges 5, Lyon, par Jacquemin, 1747, et autres 28. En tout 54 p.

1767 — M. Mascon 2, Malplaquet, Marly, Marseille, par Perelle, d'ap. Silvestre et autres 9, Meudon, siége de Montauban, Montpellier Tavernier et autres 4, Moulins, etc., 34. — Nantes 4, Narbonne, Nevers, 10, Nismes 3, etc. En tout 55 p.

1768 — O. P. R. Oleron, Oranges 7. — Paris, Poissy, Poitiers 11, Pont-St-Esprit 3, Privas, etc., 25. — Rambouillet, Rennes, par Robinet, 1726, et autres 4, Richelieu en Poitou 7, La Rochelle 2, Romans 5, etc. En tout 55 p.

1769 — S. T. V. Strasbourg, horloge, cathédrale, vues et plans, 10, Saint-Malo 4, Saint-Quentin, Salins, etc., 23. — Tanlay, Tonnerre, Toulouse, Tours 6, citadelle de Tournay 5, portail de la cathédrale de Tulle, etc., 22. — Valence, Versailles 3, Vienne 4, etc., 12. En tout 56 p. Dans cette classification plusieurs pièces sont répétées plusieurs fois.

1770 — Saint-Pétersbourg, immense vue en 12 feuilles collées ensemble. Rare.

1771 **Defer.** Vues de France, Paris, Châteaux et Maisons royales, Plans, etc. 68 p.

1772 **Ducerceau** (Androuet). Château de Montargis, Vues et plan. 3. Château de Sainct Maissant, par *Châtillon.* 4 p.

1773 **Marot.** Hôtels de Cossé, La Vrillière, Longueville, du Temple, Seguier, du président Tambonneau, Église de l'Assomption. 8 p.

1774 — et Silvestre, le Louvre, les Tuileries, Châteaux de Madrid, Chambord, Saint-Germain-en-Laye, etc. 25 p., grand in-fol.

1775 **Moucheron.** Vues d'Heemstede, dans la province d'Utrecht. 24 p.

1776 **Perelle.** Vue en perspective du Palais des Tuileries, du côté de l'entrée. — Vue et perspective du Pont-Neuf. 2 p. Superbes ép., *chez Langlois.*

1777 — La Place Royale, Luxembourg, Val-de-Grâce, Invalides, Salpêtrière, Observatoire, Portes Saint-Antoine, Saint-Denis, Saint-Martin, 11 p., adresse *chez Langlois*, pourra être divisé.

1778 — Vues de Paris, divers monuments, les ponts, etc., 36 p., pourra être divisé, adresse *chez Langlois.*

1779 — Vues de France, Château de Chambord, Chaville, Liancourt, Meudon, Richelieu, Saint-Maur, Sceaux, Vincennes, etc. 31 p. 2 lots.

1780 — Château de Fontainebleau. 9 p. Superbes ép., *chez Langlois*, marge.

1781 — Château et Jardins de Versailles. 22 p.

1782 — Vues d'Italie, Rome, etc. 7 p.

1783 **Silvestre** (Israël). Vue du Château de Fontainebleau. 9 p. Très-belles ép.

1784 — Vues de Nancy. 7 p. Superbes ép.

1785 — Le Grand Châtelet à Paris, toute marge, la Cascade à Saint-Cloud, Grenoble, Saint-Pierre de Montpellier, le Pont d'Avignon, etc. 6 p.

1786 — Vues de Lyon. 6 p. petit in-fol., publiées à Lyon, chez Robert Pigout en rue Thomassin. En 1er état, très-belles ép. d'une suite très-rare.

1787 — Vue et perspective du Château de Vaux, par le côté, in-fol. Très-belle ép.

1788 Travaux maritimes de la Seine-Inférieure, au Hâvre, Dieppe, etc. 13 p.

1789 Diverses Vues de France et étranger. 46 p.

1790 Plan et Vues de l'étranger. 36 p.

1791 Vues d'Amsterdam, gravées par P. van Beussen, J. Smit et Stopendal. 42 p.

PIÈCES HISTORIQUES

CURIEUSES, ORNEMENTS, COSTUMES, ETC.

1792 **Pièces historiques.** Revue au Trou-d'Enfer, Construction du Bassin à Brest et autres d'ap. Ozanne, la Peste de Marseille, 4. Feu d'artifice à Nantes, Hôtel-de-Ville à Rennes, Place Louis XV à Reims, et Feu d'artifice de la place de la Couture, Fêtes à Strasbourg, 5. Cathédrale de Strasbourg, etc., 23 p. grand in-fol.

1793 — Allégories historiques et satyriques contre le duc d'Albe. 4 p. très-bien gravées, très-curieuses et rares, très-belles ép.

1794 — Le Monde renversé, grande pièce pittoresque.

1795 — Le Char de triomphe de Maximilien, en 3 feuilles, le Cortège du pape et autre. 4 p.

1796 — Les Cornards, l'Homme et son Singe, les Tables de Cèbes et autres pièces drôlatiques, allégoriques, etc. 20 p. curieuses.

1797 Scènes de la Ligue. Petit in-fol. 16 p.

1798 Sujets allégoriques, religieux, mystiques et autres, de l'École de Goltzius, Sadeler, M. de Vos et autres. 64 p.

1799 Réunion de Pièces sur les Jésuites, Port-Royal-des-Champs, M. de Paris, etc. 67 p.

1800 Livre d'Estampes, Costumes, 1575. — Chauveau. — Merian. — Hollar. — Perelle, etc. 42 p. in-4, veau.

1801 Costumes religieux divers. 118 p.

1802 Recueil. Les Mois de l'année, d'ap. J. van de Velde. — Les Mois, par Merian. — Les Saisons, par Hondius, 1643. — Les Saisons, par Hollar. — Les Saisons, par Merian. — Les Éléments, par C. van Dalen. — Les Sens, d'ap. A. Bosse. — Les Sens, par Heyden. — Et autres. 68 p. in-4. Beau vol. demi-rel.

1803 Réunion de Chapiteaux de colonnes, Entablements et autres architectures, par G. A. et S. P. 1537. 35 p. collées, carton.

1804 **Ornements** anciens, pour bijoutiers, orfèvres, émailleurs, genre de Daniel Mignot, Blondus et autres. 32 p.

1805 — Pour orfèvres, architecture, cartouche, arquebuserie, etc., etc., plus de 100 p.

1806 Marques d'imprimeurs, Titres d'ouvrages, la plupart en bois, depuis 1528. Réunion curieuse, divers formats. 36 p.

1807 **Vignettes** anglaises, Titres blancs, ép. sur chine, et Paysages, etc. 29 p.

1808 — Diverses anciennes et modernes. 48 p.

1809 Assignats divers, un lot.

1810 Paysages divers. 30 p.

ÉCOLES DU XVIIIE SIÈCLE

1811 **Anonyme**. Un père voulant tuer le séducteur de sa fille, scène de famille, sept figures. Pièce non terminée, extrêmement rare.

1812 — Jardin du Palais-Royal, avec les quatre pavillons, eau-forte pure, nombre de figures, jolis costumes.

1813 — La Cuisinière rusée, petite pièce gracieuse en couleur.

1814 — Les Nouvellistes, on lit la Gazette, pièce curieuse pour les mœurs du temps. Belle ép., marge.

1815 **Amiconi** (d'ap.). La Peinture, la Musique, la Poésie, la Sculpture, l'Architecture, l'Astronomie. 6 p. Élégantes compositions.

1816 **Aubry** (d'ap.). Première Leçon d'amitié fraternelle. Grand in-fol. avant les lignes de dédicace.

1817 — Le même avec les lignes de dédicace.

1818 **Auvray**. Scène d'Amants, époque Louis XVI. Superbe ép. in-4, avant la lettre.

1819 **Bacheley**. Vue de la ville du Havre-de-Grâce. Grand in-fol. Très-belle ép., marge.

1820 **Bartolozzi**. Le Saint Jérôme d'après *Corrége*. Rare ép. non terminée. — Scène de la vie de Cromwel. 2 p.

1821 **Baudouin** (d'ap.). Le Remède.

1822 — La Rencontre dangereuse.

1823 — La Sentinelle en défaut.

1824 — Le Danger du Tête-à-Tête.

Ces 4 p. sont eaux-fortes pures, très-rares, en très-belles épreuves.

1825 — Le Coucher de la Mariée, par *Moreau le Jeune* et *Simonet*. Belle ép.

1826 — L'Épouse indiscrète. Très-belle ép. par *Delaunay*, grande marge.

1827 — Jusque dans la moindre chose, par *Masquelier*. Superbe ép. toute marge.

1828 — Sa taille est ravissante, par *Lebeau*. Sup. ép.

1829 — Le Lever. Charmante composition, très-rare ép. d'eau-forte pure.

1830 — Le Curieux. Magnifique ép. avant la bordure, toute marge, très-rare de cet état.

1831 **Beauvarlet**. Jeune Femme faisant une expérience d'électricité devant des personnes de condition. Superbe ép. avant toute lettre.

1832 — Les Apprêts et le Retour du bal. 2 p.

1833 **Beljambe**. Finis Pierrot, etc. Ovale in-4. Toute marge.

1834 **Bertaux** (d'ap.). Fanfan et Colas, scène x, par *Helman*. Superbe ép. in-4, toute marge.

1835 **Boilly** (d'ap.). Nous étions deux, nous voilà trois. — Prends ce biscuit. 2 p. en couleur.

1836 **Bonnet**. Riche Encadrement ovale, destiné au grand portrait de Marie-Antoinette. In-fol. imp. en bleu et bistre.

1837 — Bouquet de fleurs dans un verre, en couleur.

1838 — Étude de la Musique, du Dessin, etc., Têtes de jolies filles. 4 p. sanguine.

1839 **Borel** (d'ap.). L'Innocence en danger.

1840 **Boucher**. Figures à l'eau-forte (Baudicourt, 7, 10, — 8, 9, 10, 11 en 1er état avant les n°s. 6 p. Superbes ép.

1841 — La Petite reposée (13). Superbe ép. avant toute lettre, très-rare, marge.

1842 — Andromède (42). Superbe ép. 1er état avant toute lettre.

1843 — La Leçon d'amour, scène villageoise, retouchée entièrement à la pierre d'Italie, par *Boucher*.

1844 **Boucher** (d'ap.). La Peinture, par *Marie-M. Igonet*, 1752. Très-belle ép., marge.

1845 — Deux Paysans dormant. Eau-forte, par *Madame Boucher*. Très-belle ép.

1846 — Enfants sur des dauphins. — Jeunes Filles avec des fleurs. 2 sanguines, par *Demarteau*.

1847 — Les Grâces et l'Amour, en couleur, par *Demarteau*. Très-belle ép.

1848 — Les Nourrices, par *Janinet*, en bistre. Sup. ép.

1849 — Les Nymphes au bain, par *Ouvrier*, avant toute lettre et avec la lettre. 2 p.

1850 — La Chasse. Magnifique ép., grande marge. *Beauvarlet direxit.*

1851 — La même non terminée, le Cheval fondu et autre. 3 p.

1852 — La Marchande d'oiseaux. Charmante eau-forte, par *Delalive de Jully.*

1853 — L'Enlèvement d'Europe, in-8, par *Saint Aubin.* Superbe ép.

1854 — Paysages, Fermes, eaux-fortes, par *Thiers.* 2 p.

1855 — Costumes, Chinoises, Pastorales, etc., 12 p. par et d'après.

1856 — Têtes et Sujets à la sanguine. 6 p.

1857 **Bounieu.** Avis au Lecteur. — Jeune Femme endormie en lisant, va être brûlée. Manière noire.

1858 **Bounieu** (d'ap.). L'Enfance sous la garde de la Fidélité, par *Ponce.* Superbe ép. avant la lettre.

1859 **Capellan.** Le Maître d'études, la Marchande de fruits, etc. 3 p.

1860 **Carême** (d'ap.). Le Philosophe charitable. — Sacrifice au dieu Pan. 2 p.

1861 **Chantreau,** 1719. Six ovales de diverses grandeurs, contenant femmes et hommes dans le goût de Watteau. Elégants croquis à l'eau-forte. Très-rare, non mentionné.

1862 **Chardin** (d'ap.). La Maîtresse d'école, par *Simon Duflos.*

1863 **Chevillet.** La Devideuse, jolie femme. Magnifique ép. avant toute lettre, marge.

1864 **Choffard**. Livre d'Ecussons et cartels. 6 p.

1865 — Médaille de la commune des Arts — et autre. 2 p., très-belles.

1866 — 1772. Bataille et Cérémonies chinoises, d'ap. le père Damascène. 3 p. grand in-fol.

1867 **Clermont**. Nouveau livre de groupes d'enfants. 6 p. à l'eau-forte, superbes ép.

1868. **Cochin** (C. N.). Plafonds et statues de Saints et Saintes des chapelles, peintes par *Bon Boulogne*. 36 p.

1869 — Père et fils. Adoration des mages, vignettes, pastorales, figures allégoriques, emblématiques, titres blancs, et diverses eaux-fortes. 15 p.

1870 — Pompe funèbre de la reine de Sardaigne, 1735, de la duchesse de Lorraine, reine de Sardaigne, 1741. 2 p.

1871 — Salle de spectacle, Bal à l'occasion du mariage du Dauphin, 1745. 2 p.

1872 — Décoration et feu d'artifice à Versailles pour le mariage de Madame, 1739; Décoration et feu d'artifice pour la naissance du duc de Bourgogne, 1751. 2 p.

1873 — Illuminations à Versailles avec grand nombre de figures ; les voitures de la cour escortées aux flambeaux. Grand in-fol. avant toutes lettres.

1874 **Courtois**. Amours et Enfants se parant de bijoux. Pour un titre blanc, jolie p.

1875 **Coypel** (d'ap. Ch.). La Jeunesse sous les habillements de la Décrépitude, par *Lepicié*, 1751. Sup. ép. On dit le portrait de Mlle Bolet, épouse de Ph. Coypel. Charmante pièce.

1876 — La Veuve, par *Lepicié*. Sup. ép.

1877 — Vénus sur les eaux, par *Desplaces*. Belle ép. d'une pièce gracieuse.

1878 — Thalie chassée par la Peinture, belle pièce, par *Lepicié*. In-fol.

1879 **Debucourt**. La Séparation pendant une nuit d'hiver ; Rampailleur de chaises; les Chevaux de bateaux. 4 p.

1880 **Demarteau**. Bouquets de fleurs. 4 p.

1881 — La Maraudeuse de fleurs, tête, fac-simile et autres, 12 p. sanguine.

1882 **Desplaces**. Andromaque défendant Astianax, d'ap. *Jouvenet*. Sup. ép. avant toute lettre, les vers au bas sont à la mine de plomb.

1883 **Diacre**. Vénus et l'Amour, Pomone, etc. 6 petits sujets gracieux. Superbes ép.

1884 **Docaigne**, 1760. L'enlèvement, eau-forte.

1885 **Dumarais** (chez). La Proposition. — Le Départ imprévu. 2 petites pièces en rond, toute marge.

1886 **Earlom**. The Water Mill, d'ap. *Hobbema*. Riche paysage, belle ép.

1887 — The Exhibition of the royal Academy of painting in the year 1771, d'ap. *Brandoin*. Rare, belle ép.

1888 — The royal Academy of Arts, institué par le roi en 1768, d'ap. *Zoffanii*, 1772. Grande et très-belle p. avec le trait explicatif.

1889 **Eisen** le père (d'ap.). Le beau Commissaire. Jolie pièce, toute marge.

1890 **Eisen** (C.). Saint Jérôme, petite eau-forte orig. — Vignettes d'après lui. — Intérieur flamand de trois figures à l'eau-forte, *F. Eisen*. 4 p.

1891 **Eisen** (d'ap. Ch.). Le Bouquet bien reçu, par *Gaillard*. Très-belle ép.

1892 — Scène d'amants ; au fond, des Moissonneurs. Superbe ép. avant toute lettre, par *de Longueil*, marge.

1893 Le Jour, — la Nuit du mariage. 2 très-belles ép. avant toutes lettres.

1894 **Fragonard**. L'Armoire, pièce capitale du maître. Superbe ép. avant la lettre, très-rare.

1895 — Le Parc (de B. 4). Ep. avec marge.

1896 — Les Satyres (8. 9). 2 p., très-belles ép.

1897 — Sujets religieux, d'après les maîtres (11, 12, 16, 17, 18, 20). 6 p. très-belles.

1898 **Fragonard** (d'ap.). Serment d'amour, la Nature, Vénus à la coquille, etc. 6 p.

1899 **Freudeberg** (d'ap.). La Toilette, avant toute lettre.

1900 **Gaillard**. La Diseuse de bonne aventure. — Concert. — Joueur de balalaye. — Le Moineau retrouvé. — L'Horoscope. — L'Engagement, etc. 7 p. à l'eau-forte pure, d'ap. Leprince, magnifique condition, rares.

1901 **Gillot**. Costumes de théâtre. 10 p. non terminées, très-rares de cet état de la plus grande beauté.

1902 — L'Automne, avant la lettre, et une Scène de la vie de Jésus enfant. 2 p.

1903 **Gillot** (d'ap.). Marche de calotins, Rêve magique, Délassements, Triomphe de Mars, Ecole de jeunesse, Repas commun et distinguée, Querelle commune et distingué, Danse commune, Plaisirs innocents, etc. 13 p.

1904 **Gravelot** (d'ap.). Le Lecteur. Jolie composition, sup. ép. d'eau-forte pure, rare.

1905 **Greuze** d'ap.). La Philosophie endormie. 1er ép. d'eau-forte pure. Cette ép., extrêmement rare de cet état, est celle du baron de Vèze qui l'attribuait à *Fragonard*. Cette magnifique ép. est avec grande marge. (C'est le portrait de Mme Greuze).

1906 — La même avec les retouches au burin, par *Aliamet* qui a donné plus de ton que dans la précédente. Ep. avant toute lettre, très-rare.

1907 — La Privation sensible, par *Simonet*. Sup. ép. toute marge.—Le Retour de nourrice. 2 p.

1908 — La Malédiction paternelle, in-8, gravé de mémoire. Têtes, pieds et mains tirés des Tableaux de Greuze. 2 p.

1909 — La bonne éducation. — Le Bon ménage. 2 p. par *Moreau le Jeune* et *Ingouf*. Magnifiques ép. avant toute lettre.

1910 — L'Aveugle trompé, — la Fille confuse. 2 p. à l'eau-forte pure. La même terminée et rognée. 3 p.

1911 — La Cruche cassée, par *J. Massard*. Ancienne et superbe ép.

1912 — La Mère bien-aimée, par *Massard*. Grand in-fol avant la lettre, marge.

1913 — Le Gâteau des rois, par *Flipart*. Grand in-fol. avant la lettre.

1914 — Les Remontrances du curé, par *Levasseur*. Grand in-fol. avant la lettre, marge.

1915 — Le Gâteau des rois, par *Flipart*. Ep. signée par les artistes.

1916 — La Malédiction paternelle,—le Fils puni. 2 p. grand in-fol., par *Gaillard*. Ep. signées par les artistes.

1917 — La Mère bien aimée, 1775. — La Dame bienfaisante, 1778. 2 p. grand in-fol., par *Massard*. Ep. signées par les artistes.

1918 **Hogarth.** Before. — After. 2 p. d'intérieur, sup. ép. avant la lettre, marge, rares.

1919 **Huet.** Le Vice forcé dans ses retranchements — la Désolation des filles de joie. 2 p. de mœurs de l'époque.

1920 — Pastorales, danse de Nymphes. 3 p.

1921 — (d'ap.). Sujets de fermes. 2 sanguines par *Demarteau*. Sup. ép.

1922 **Huquier** (chez). Jeune garçon assis tenant une raquette. Jolie p., grande marge.

1923 **Janinet.** Tuileries et autres vues de Paris, ovales en couleurs. 3 p.

1924 — Noces de village, — Repas des moissonneurs. 2 p. en couleur, sans marge.

1925 — Les Joueurs de boules, d'ap. *Ostade*. Ep. avant la lettre, en couleur.

1926 — La Baraque rustique, — le Nouvelliste, — la Chaumière flamande, — la Tabagie hollandaise. 4 p. d'ap. *Ostade*, imp. en couleur, très-belles ép. avec marge.

1927 **Jeaurat.** Philis a pour les fleurs. Petite pièce très-belle, toute marge.

1928 — (d'ap.). Le Jeune symphoniste, par *Sornique*, toute marge.

1929 — La Couturière, par *Balechou*. Magnifique ép., marge.

1930 **Kraus**. La Batteuse de beurre, Scène villageoise en bistre.

1931 **Laurence** (d'ap.). Premier âge, — Education, 2 différentes. — Punition de l'amour. 4 sujets gracieux, belles ép., par *Bouillard*, toute marge.

1932 **Lancret**. Scène de deux amants. Petite eau-forte, peut-être du maître même, non mentionnée dans aucun catalogue, très-rare.

1933 — (d'ap.). Le Théâtre italien, par *Schmidt*, belle ép.

1934 — Le Matin, le Midi, l'Après-Dinée, la soirée. 4 jolies p.

1935 — Granval, comédien, grand in-fol., par *Le Bas*. Très-belle ép.

1936 **Lavreince** (d'ap.). Le Midi, — la Marchande à la toilette, — l'Innocence en danger. 3 p., rare ép. d'eau-forte pure.

1937 — Le Billet doux, — Qu'en dit l'abbé. 2 p.

1938 — La Balançoire mystérieuse, rare et très-belle ép., tout 1er état avant le flot et avec la bordure au trait, grande marge.

1939 **Le Bas**. Vues des petits Pavillons du Pont-Neuf. 3 p. d'ap. *Cochin*, superbes ép., rares.

1940 **Lebert**. Louis XIV au camp devant Lille, donnant la permission de jouer, Tartuffe, in-8, sup. ép.

1941 **Le Clerc** (d'ap.). Ah! du moins épargnez mes ailes, sujet gracieux par *Jeanne Deny*.

1942 **Le Cœur**. Les Chagrins de l'enfance, d'après *Mouchet* (le Serin est envolé), belle composition en couleur.

1943 **Le Daulceur** (Louise). Les Naïades, d'ap. *Bouchardon*. Jolie pièce gracieuse.

1944 **Le Moine** (d'ap.). Enlèvement d'Europe, sup. ép. par *Cars*. — Modeste et saint Basile, par *Cochin*. 2 p.

1945 **Le Prince**. Les Nourrices, les Arts représentés par des enfants, et autres. 4 p.

1946 **Liotard**. Dame Franque de Pera.—Dame Franque de Galata.—Dame de Constantinople. — Sadig Aga, grand trésorier. — Mehemet Aga, son frère. —M. Levett, négociant anglais. — Un Nain du grand seigneur. — Femme debout. Ces 8 p. sont dessinées d'ap nature et gravées par lui, Reinsperger et Tardieu. Très-belles ép., rares, marges.

1947 **Liotard** (J. E.). Une dame Franque recevant visite. — Une dame Franque et son esclave. 2 p., rares.

1948 **Marchand** (Gabrielle). Le Retour du guerrier.

1949 **Martin**. Jolie dame réfléchissant près de son piano.—Jeune fille lisant. 2 jolies pièces sanguine, toute marge.

1950 **Martinet**. Plan du lit de justice de Louis XV, en 1759. Grand in-fol.

1951 **Martini**. Expositions des tableaux au Louvre en 1785 et en 1787. 2 p. très-intéressantes et rares.

1952 — D'ap. Ramberg. The Exhibition of the Royal Academy 1787, lettre blanche. — Portraits of Their Majesty's and the Royal Family à l'exhibition 1788. 2 p. Très-belles ép. encadrées.

1953 **Miller** (J.-S.) *inv. et sculp.* 1766. Morning, famille prenant le thé. Avant toute lettre.

1954 **Moitte** (D'ap.). Le Jaloux endormi. Très-belle ép., marge.

1955 **Monnet** (D'ap.). Salmacis et Hermaprodite, par *Vidal.* Très-belle ép. avant la lettre.

1956 — La Nymphe surprise, 1er état, avant toute lettre et avec la bordure au trait.

1957 **Moreau** le jeune (D'ap.). Réduction in-8 des compositions du Costume physique et moral au XVIIIe siècle, Déclaration de la grossesse avant et avec la lettre, et 10 autres pièces avec la lettre. Superbes ép., avec marge et toute marge. 12 p.

1958 — Joseph II et sa mère qui le couronne représentant Alcide, et par divers, Couronnement de Voltaire, la Madeleine, Occupations champêtres, etc. 6 p. in-8.

1959 **Natoire** (D'ap.). Chapelle des enfants trouvés de Paris. 13 p., par *Fessard*, représentant les tableaux qui en font l'ornement. Très-belles ép., marge.

1960 **Nattier** (D'ap.). Mme de Pompadour? tenant une guirlande de fleurs, par *Voyez*. Très-belle ép. avant toute lettre.

1961 — Le chaste Joseph, par *Beauvarlet*. Belle ép., grande marge.

1962 **Norblin**. Représentation et décoration d'un balet exécuté à Rome sous les yeux du général Ricci, d'ap. *Demontalais*, 1763. Rare.

1963 **Pater** (D'ap.). L'Orquestre de village, par *Ravenet*. Très-belle ép.

1964 — Le Baiser donné. — Le Baiser rendu. 2 p. par *Fillœul*. Belles ép., toute marge.

1965 **Pattas**. La Curieuse. — L'Honnête Fripon. 2 p. gracieuses, d'ap. *Chauveau*.

1966 **Peyron** *inv. et sculp.* 1790. La Mort de Socrate. Magnifique ép. avant la lettre.

1967 **Picart** (B.). Manière noire. Deux Femmes en buste; l'une relève son voile et repousse de la main gauche l'autre femme, d'ap. Santerre; se vend chez Et. Picart, etc., 1699. Très-belle ép. La même, à laquelle on a effacé les noms du graveur et l'adresse que l'on a remplacés par la Curieuse. Cette ép. est du cab. Camberlyn (1916).

1968 — L'Amour et Psyché, Amants, défiez-vous, et autre, avant toute lettre. 3 petites pièces très-belles.

1969 **Pierre**. Saint François guérissant une femme malade. — Mascarade chinoise faite à Rome en 1735. 2 p.

1970 — Figures diverses, mendiant, etc. 8 p.

1971 **Pillement**. Fleurs bizarres, et figures et sujets chinois, 10 p. par *Avril, Canot*.

1972 **Pompadour** (Mme de). L'Amour sacrifiant à l'Amitié. — Composition, l'Automne, bas-relief. 2 p. très-belles.

1973 **Prudhon**. La Famille malheureuse. Lithog. originale. Superbe ép., grande marge.

1974 — La même, tirée du journal l'*Album*.

1975 **Prudhon** (D'ap.). L'Amour à la raison. — Le Cruel rit des pleurs qu'il fait verser. 2 p. avant la lettre.

1976 — L'Art d'aimer de Gentil-Bernard. 4 p. in-4. Magnifiques ép. avant la lettre, toute marge.

1977 **Queverdo.** Vue du château de Ferney à M. de Voltaire, du côté du Nord. Très-belle ép.

1978 **Queverdo** (D'ap.). Le Coucher et le Lever de la Mariée. 2 p. gracieuses, par *Patas* et *Dambrun*, grandes marges.

1979 — Le Déserteur. 2 p. tirées de cette comédie, par *Châtelain* et *Dambrun*, toute marge.

1980 **Raoux** (D'ap.). La Prêtresse de Vesta en pied, par *Bertin*. C'est le portrait de Mme Boucher. Très-belle ép., rare.

1981 **Rosa Alba Carriera** (D'ap.). Le Printemps, par *Lépicié*. Petite pièce gracieuse. Très-belle ép., marge.

1982 **Roy** (J.-A.). Joli Intérieur d'appartement; trois dames, l'une lit une lettre qu'un jeune garçon vient de lui remettre, une joue avec un chien près de la cheminée; riche ameublement Louis XVI. Gravé au simple trait, et paraît d'après *Mallet*. Extrêmement rare.

1983 **Saint-Aubin** (G. de). Allégorie. La France rend grâce à Esculape de la guérison de M. le Dauphin. Petite pièce. Magnifique ép., marge.

1984 **Saint-Aubin** (D'ap.). La Promenade des remparts de Paris.

1985 **Saint-Non** (De). La petite Charrette en couches. Charmante composition. Superbe et très-rare ép. d'eau-forte pure et avant le nom.

— La même, terminée avec le nom du maître. Superbe ép., rare.

1986 **Santerre** (D'ap.). Jamais tu ne feras un potage bien bon. — La Peinture, par Catherine Duchesne. 2 p. en manière noire.

1987 **Schenau**. Deux jeunes Filles font battre un chien et un chat. Jolie eau-forte. Sup. ép,

1988 **Schultze**. Vénus et l'Amour, d'ap. *J. Romain.* Sup. ép., avant la dédicace, grande marge.

1989 **Sintzenich**. Musik-Mahlery, Musique, Peinture, jolies filles, ovales. Grand in-4 en couleur. Superbes ép., marge.

1990 **Smith** (J.-R.) 1776. A. Cremonese lady, d'ap. *Peters.* Jolie Femme en manière noire.

1991 **Sweback**. Sujets de chevaux, par et d'après lui. 5 p.

1992 **Vanloo** (d'après). Diane et Endymion, par *Le Vasseur*. Très-belle ép., marge.

1993 — Nymphes au bain. Sup. ép. avant toute lettre.

1994 **Vernet** (d'ap. Joseph). Les ports de France; 13 p. grand in-fol.; ép. d'eau-forte pure, par *Cochin*, toute marge.

1995 — Vue de Bordeaux, du côté des Salinières; la nuit; Occupations du rivage et autres. 5 p.

1996 **Vien** (J.). Costumes turcs exécutés à Rome par les pensionnaires de l'Académie pour une mascarade. 22 p. à l'eau forte; très-belles ép., marge.

1997 **Vinkeles**, *ad vivum*, 1764. L'Académie de dessin.

1998 **Vrydag**, 1788. Jeune Mère et son enfant au berceau, Sup. ép. avant la lettre, marge.

1999 **Watteau** (Antoine). Figures de modes dessinées et gravées. 7 p. et titre avant le nom. Superbes ép., 8 p.

2000 — La Troupe italienne (R. D. 8.), 2e état, rare, avec l'adresse de Sirois.

2001 **Watteau** (d'ap.). Scène du Malade imaginaire. Satire contre les médecins, 1er état, adresse de Gersaint. Belle ép.

2002 — Départ des Comédiens italiens en 1697. Très-belle ép., grande marge.

2003 — Études de tête en *fac-simile* de dessin, gravées par *F. Boucher* et autres. 40 charmantes têtes de jeunes filles, d'enfants, etc.

2004 **Watteau** (d'après L.), de Lille. Cérémonie de la Fédération faite en cette ville en 1790; in-fol., par *Helman*, 1791. Sup. ép. avant la lettre, toute marge.

2005 **Watelet**. Cagniouche, chien bichon.—Femme soutenant un enfant pour voir par la fenêtre. 2 p.

2006 — Le Dessin, la bonne Mère, d'ap. *Greuze*, etc., 3 p.

2007 **Wille** (J.-G.). L'Homme au casque (18), non citée, avant la lettre. — L'Homme au chapeau (19). 2 p. Superbes ép.

2008 — Mort de Cléopâtre, d'ap. *Netcher* (6). Très-belle ép., marge.

2009 — Les Offres réciproques, d'ap. *Diétricy*. Sup. ép. avant-dernier état, grande marge.

2010 — La tante de Gérard Dow. Magnifique ép., avant la lettre, toute marge.

2011 **Wille** fils (d'ap.). Tom Jones, scène III, par *Ingouf*. Très-belle ép., marge.

2012 — La double Récompense du mérite, par *Avril*, 1784. Magnifique grand in-fol., avant la lettre, toute marge.

2013 **Vignettes**. Cochin, Eisen, etc. 18 p.

2014 Pièces en couleurs diverses. 20 p.

GRAVEURS & AQUAFORTISTES

MODERNES & LITHOGRAPHIES

2015 **Allais**, 1821. Van Dick peignant son premier tableau, d'ap. *Ducis*. Superbe ép. avant la lettre, toute marge.

2016 **Aubry-le-Comte**. Françoise de Rimini, d'ap. *Ingres*. Très-belle lithog. sur chine.

2017 **Baron**, amateur à Lyon. Paysages à l'eau-forte, 3 p. très rares.

2018 **Bellay**. Deux chevaux attelés à un tombereau. Croquis, dont son portrait. 2 p. à l'eau forte, très-belles.

2019 **Benard**. Deux chevaux de trait dans l'écurie. Belle eau-forte, grande marge.

2020 **Blanchard** père. Sainte Juste, d'ap. *Murillo*. Toute marge, très-belle ép.

2021 **Blery** (Eugène). Les Chênes de l'étang de Cernay. Superbe eau-forte sur nature, 1852. Grand in-fol. chine avec dédicace signée.

2022 — Paysage d'ap. Ruysdael; du cabinet Simon. Ép. sur chine.

2023 **Boilly** (J.). Eaux-fortes, d'ap. Boucher, Fragonard, Marilhat, etc. 9 p. Très-jolies compositions gracieuses.

2024 **Caron** (Adolphe). Faust apercevant Marguerite pour la première fois, d'ap. *A. Scheffer*. Très-belle ép. in-fol.: toute marge.

2025 **Chatillon**. Saint Michel terrassant le Démon, d'ap. *Raphaël*. Superbe ép. avant la lettre, avec dédicace signée, toute marge.

2026 — Endymion, d'ap. *Girodet*, sur chine.

2027 **Cruckshank** (G.). Exposition de tableaux et autres scènes anglaises. 6 petites pièces amusantes.

2028 **Damour** (Ch.). Moine, 1er état, chemin près Amalfi, le Matin, le Soir, la Ferme, Monastère en Sicile, le Repos au bois, la Mare aux Saules. Ces 6 p. avant la lettre; la Pièce d'eau, l'Avenue des Charmes. En tout, 10 p.

2029 — OEuvres inédites de *Bonnington*. 9 p. et le portrait.

2030 — Souvenirs de voyages, d'ap. *de Chacaton*. 6 p.

2031 — Orient, d'ap. *de Chacaton*. 5 p. et titre.

2032 — Espagne, d'ap. *de Chacaton*, 5 p. et titre.

2033 — Fac-simile, d'ap. Perugin, Raphaël, Watteau, et d'après Boucher, de Chacaton, Marilhat, Troyon, Bourbonnais, Auvergne. En tout, 10 p. (La plupart de ces pièces sont avec dédicace signée.

2034 **Decamps**. L'Anier turc avant la lettre, sur Chine, eau-forte. Superbe épr. toute marge.

2035 — Corps de garde turc, sur chine; le Gardeur de porcs et autres. 3 p. à l'eau-forte.

2036 **Desnoyers**. L'Espérance soutient le malheureux jusqu'au tombeau.

2037 **Detouche**, 1841 (L.). L'Aumône, eau-forte avant la lettre sur chine, avec la lettre. — Le Prisonnier. 4 p.

2038 **Ducis** (d'ap.). Débuts de Talma; lithog. sur chine.

2039 — Propersia de Rossi; ép. avant la lettre.

2040 **Duclos**, de Lyon. Bestiaux passant le gué.

2041 **Dupont** (Henriquel). Titre de Rousseau, Cromwell, et autres. 4 vignettes, dont 3 avant la lettre. Superbes ép.

2042 **Dupré** (Jules). Le Berger. Eau-forte sur chine.

2043 **Faber** (F.-T.). Son Portrait et diverses Compositions d'animaux dans des paysages avec figures. 42 p. Superbes ép. Cab. Camberlyn.

2044 **Fendi**, 1818. Cavalier à la porte d'une hôtellerie. Superbe eau-forte.

2045 **Feuchères**, 1835. Jeanne d'Arc. — Sainte Famille. 2 eaux-fortes, sur chine. Cab. R. Dumenil.

2046 **Forster**. Nymphe attachée par un Satyre, sujet à mi-corps avant la lettre.

2047 **Gavarni**. Sujets de genre. 9 p. lithog.

2048 **Goncourt** (Jules de). Pantoufles de Anna Delion, sujet d'après Gavarni, Fragonard, et portrait de femme. 6 p. d'une grande rareté.

2049 **Gelée** (F.-A.). La Justice et la Vengeance céleste poursuivant le Crime, d'ap. *Prudhon*. Superbe ép. avant la lettre sur chine, toute marge.

2050 **Girard**. Rebecca et le Templier d'ap. *Coignet*. Superbe ép. avant la lettre sur chine, toute marge.

2051 **Girodet**. Son Portrait de profil, dirigé à droite, avec lunettes, au bas, *gravé par A.-L. Girodet*. Petite pièce extrêmement rare.

2052 **Gmelin**. Paysages d'ap. *Claude* et d'ap. *Guaspre*. 4 p. grand in-fol.

2053 **Guérin** (Pierre). Le Vigilant, Qui trop embrasse, avant et avec la lettre, 3. Lithog. originales. Très-belles.

2054 **Haldenwang** der Abend, der Mittag, der Morgen, 3 Paysages d'ap. *Claude*, grand in-fol.

2055 **Ingres** (d'ap.). L'Odalisque. Belle lithog. par *Sudre*, ép. sur chine avant toute lettre.

2056 — La même avec la lettre sur blanc.

2057 — (D'ap.). Sainte. Fac-simile d'un dessin à la plume, Camée sur chine. 2 p.

2058 **Johannot** (Tony). Werther. 7 vignettes à l'eau-forte avant la lettre et autre. 8 p.

2059 **Jolimont**. Vues de Caen. 6 p. lithog.

2060 **Laugier**. Le Zéphir, d'ap. *Prudhon*. Superbe ép. sur chine avant la lettre.

2061 — Daphnis et Chloé, d'ap. *Hersent*. Sup. ép. avant la lettre, toute marge.

2062 — Sainte Anne, la Vierge et Jésus, d'ap. *Léonard de Vinci*. Superbe ép. avant toute lettre, sur chine, toute marge.

2063 — Ravissement de saint Paul, d'ap. *Raphaël*. Grand in-fol. Sup. ép. avant toute lettre sur chine.

2064 **Lawrence** (d'ap.). Deux jeunes Enfants jouant. Superbe ép. avant la lettre, par G.-T. Doo. *First.* 50, sur chine, toute marge.

2065 **Leconte** (N.). La Vierge au coussin vert. — Marius à Minturnes. 2 p. Magnifiques ép. sur chine avant la lettre, toute marge.

2066 **Lefeu** (H.). Jeune Fille italienne, Statue de la Vierge, etc. 3 p. à l'eau-forte. Superbes ép.

2067 **Lemaître**. La Mort de Roland, d'ap. *Michalon*, avant la lettre.

2068 **Leroux**. Léda, d'ap. *Léonard de Vinci*. Superbe ép. sur chine avant la lettre, avec Dédicace signée, toute marge.

— Héro et Léandre. Charmante vignette sur chine avant la lettre. — Sainte Thérèse, à mi-corps. 2 p.

2069 **Lithographies**. Odalisque, Andromède, avant la lettre, d'ap. Ingres et autres, Marines, par Gudin, d'ap. Roqueplan, etc. 10 p. grand in-fol.

2070 **Longhi**. Buste d'Oriental. Très-belle eau-forte.

2071 **Mauduison**. Jésus portant sa croix, d'ap. *Raphael*. Très-belle ép. chine avant la lettre.

2072 **Meissonnier**. Polichinelle, sur chine. Pièce légèrement gravée à l'eau-forte.

2073 **Meryon** (C.). Le petit Pont. — La Tour de l'Horloge. — La Pompe Notre-Dame. 3 p.

2074 **Millet** (J.-F.), élève de Delaroche. La Couseuse. — La Batteuse de beurre. — La Brouette de fumier. — Les Glaneuses. 4 p. à l'eau-forte sur chine, rares.

2075 — Les deux Paysans qui bêchent. Grande et magnifique eau-forte, du plus haut mérite. Superbe ép. très-rare, n'ayant pas été publiée.

2076 **Morghen** (Raphael). Portrait de dame tenant un livre de la main gauche, avant la lettre. Très-belle ép. marge.

2077 — La Jurisprudence

2078 — Marie de l'Incarnation montant au ciel.

2079 **Muller**. Enlèvement de Psyché, d'ap *Prudhon*. Sup. ep. sur chine avant la lettre, toute marge.

2080 — La même avec la lettre.

2081 **Nanteuil** (Célestin). Saint Georges. Eau-forte sur chine. — La Fuite en Egypte. Composition pour un titre. 3 p.

2082 **Overbeck** (d'ap.). Mort de saint Joseph. — La Manne. — Jésus dans le temple. — Jésus portant sa croix. 4 p.

2083 **Photographie**. La Farnésine à Rome. 27 p., collection complète dans son portefeuille; on a joint l'Aphrodite, statue.

2084 — D'ap. des Tableaux, vues, statues et monuments d'Italie. 40 p.

2085 — D'ap. des dessins de maîtres. 65 p., plusieurs en nombre.

2086 **Raffet.** Mirabeau : Dites à votre maître, etc. — Le Jeu de Paume. 2 p., à l'eau-forte sur chine. Tabagie écossaise, petite p. lithog. 3 p.

2087 Le Colonel du 17ᵉ léger (le duc d'Aumale). — Le Drapeau du 17ᵉ léger. 2 p., très-belles ép.

2088 **Reynolds.** La lettre d'introduction, d'ap. *Stephanoff*. Très-belle ép. avant la lettre, toute marge.

2089 Les joueurs. — Les Querelleurs. — Le Départ du conscrit. 3 p. d'ap. *Charlet* et autre. 4 p.

2090 **Scheffer** (d'ap.). La Veuve du soldat. Sup. ép. collée sur carton.

2091 **Strange.** Le Retour du marché, d'ap. *Vouvermans*. Très-belle ép., marge.

2092 **Thomas** 1851. Le Christ : Je frappe à la porte, Vierge rayonnante et autres. 9 p.

2093 **Valerio.** Bachi-Bozoucqs. — Musicien tsigane. 2 p. à l'eau forte, belles et rares.

2094 **Vernet** (Carle). Très-petits chevaux. 11 p. lithog.

2095 **Vernet** (Horace). La Cuisine militaire, ép. sur papier de couleur avec les blancs rehaussés par H. Vernet.

(D'ap.). Abraham renvoyant Agar, Rebecca avant la lettre et autres. 5 p.

2096 **Vinchon.** (D'ap.). Peintures à fresque à Saint-Sulpice. 6 p., lithog., vignettes et texte in-fol.

2097 Omaggio delle provincie venete alla maesta di Carolina Augusta impératrice d'Austria, in-fol. 1818, demi-rel.

2008 Basilica di San-Marco in Venezia. 10 p. et titre grand in-fol.

DIVERS

2099 Anciens Papiers blancs, de divers formats, échantillons, classés par date et pays; formera un très-fort lot.

2100 Sous ce numéro, environ 500 pièces XVIIIe siècle, et des Écoles italiennes, paysages; sujets religieux et autres, formeront plusieurs lots.

2101 Sous ce numéro seront vendus les doubles des Estampes décrites au présent Catalogue; il sera vendu de ce numéro à chaque vacation.

Renou et Maulde, imprimeurs de la Compagnie des Commissaires-Priseurs, rue de Rivoli, 144. 36594

75 Étranger	23 – 31
160 France	20 80
40 S^t et Paris [illegible]	5 20
9 divers 13	1 17
	50 – 48
plus de 380 Lorquin	12 –
3 Voyages à l'hotel voiture	7 50
12 Mains chemises	15
Moniteur universel	18
d°	14
	f 117 – 00
plus de 700 Estampes montées	35
	f 152 –

plus de 700 Estampes montées

RENOU et MAULDE, imprimeurs de la Compagnie des Commissaires-Priseurs, rue de Rivoli, 144. 50591

www.ingramcontent.com/pod-product-compliance
Ingram Content Group UK Ltd.
Pitfield, Milton Keynes, MK11 3LW, UK
UKHW021046230726
13926UKWH00004B/1682